觀生死

——自我生命教育

鈕則誠◎著

【自序】

心靈會客室

　　《觀生死——自我生命教育》與她的姊妹書《觀生活——自我生命教育》是我對於生死與生活的觀察及反思結果，屬於自我生命教育的心得寫作。心得乃用心之所得，有心為之，發為文字，謂之「心得」。本書《觀生死》收錄了我從二〇〇〇年到二〇〇六年間所寫的一百篇哲理散文，它們全是以一個名為〈心靈會客室〉的專欄型態問世。此一專欄由我執筆，最早見於《人間福報》婦女版，自該報創刊起共維持了十個月，因為報紙改版、主編換手而告一段落。我在此首先要感謝的就是當時的主編高雷娜女士，她是我的老同事與舊識，算一算我們的文字緣至今已有二十四年了。因為她的邀約，讓我手寫我心，使我有機會從「文字工作者」轉化為「作者」。任教於大學二十三年，早先幾乎都在寫知識性的文章，直到七年前〈心靈會客室〉為我開啓一扇心靈之窗，生命才顯得海闊天空。

　　專欄的結束帶來兩年空窗期，直到二〇〇三年初，《應用心理研究》季刊主編劉兆明教授邀請我為輔仁大學心理系翁開誠教授的論文寫〈對話與回應〉專文，使我再度得以「作者」身分站出來「說故事」。劉、翁兩位教授是我大學時代的老同學，由於我從哲學系跑到心理系去修課而結識，相交至今已超

過三十年。翁教授的宏文題為〈覺解我的治療理論與實踐：通過故事來成人之美〉，用「敘事」亦即「說故事」的方法，來呈現他從事心理治療工作的身心歷程，筆觸十分生動，令我有感而發，竟一發不可收拾。當年寒假我到美國探親，因為時差關係，凌晨即醒，且頭腦特別清晰，便效法翁教授的「說故事」方法，下筆為文回應，居然寫成一萬兩千字的〈我的哲學生活故事：主體性的反思與建構〉長文。感謝兩位教授的無心插柳，終於有了後來的一片柳成蔭。

就在我寫回應文的同時，臺北一家專門出版醫護類教科書的華杏公司找我寫《醫護生死學》。當年距離生死學論述在臺灣興起正好十年，我也曾因緣際會促成第一間生死學研究所的誕生。多年教學研究經驗告訴我，生死議題不但屬於知識探究，更深深涉入人們知情意行各方面。我乃徵得編輯同意，在教科書各章之後，列入一個情意教育專欄，並取名〈心靈會客室〉。此例一開，斷流的源頭活水自然來。在接下去的三年間，我陸續撰成六種教科書，每種都納有此專欄。七本書連同前面報載，六年共得哲理散文一百五十五篇，不下十餘萬字。報紙文章一度被慈濟文化志業中心收錄為善書結緣，但流傳未廣，至今已絕版；倒是教科書裏的小品文頗受學生歡迎，慫恿我結集出版，本書即為上述文字的編纂改寫成果。為言簡意賅，便於閱讀，我把文章的格式與時序都加以統一。

《觀生死》係將我六年間信手拈來的柔性文章，

篩選出三分之二進行分類和改寫。它們分別選自慈濟版的《心靈會客室》；華杏版的《醫護生死學》、《醫學倫理學》；揚智及威仕曼版的《教育哲學》、《生命教育概論》、《教育學是什麼》、《殯葬學概論》、《殯葬生命教育》等八種書籍中。由於文章主要附在教科書各章之後，因此多少跟該書主題有關，但終歸在於反映我的人生觀點，可謂藉題發揮。感謝這幾家出版機構的朋友讓我揮灑自如，現在我把挑選出來的百篇文章分為「生老病死」、「生住異滅」、「生生不息」、「反身而誠」等四輯，其中前兩輯著眼於生死關懷，後兩輯可視為自我生命教育的反思。生死關懷與生命教育不能脫離時空脈絡在講，我希望藉著自己的體驗分享，激發讀者反觀諸己，所以把字裏行間的時鐘和心聲一律調至二○○七年現今，算是記錄五十四歲的當下感受。

格式化的文章不免劃地自限，我卻以此訓練長話短說。年輕時讀到名家寫的《八百字小語》，頗為羨慕那些字字珠璣流露的機鋒；如今有機會暢所欲言，我則選擇適可而止。我手寫我心，除了這篇序言外，所有文章都是出於紙筆而非鍵盤。我習慣用六百字稿紙捕捉靈感，有次甚至因為大賣場稿紙缺貨而感到悵然若失。寫論文是因應研究要求，寫教科書是為了教學需要，寫小品文但願心靈會客。六年來我一共出版了十七本書，最喜歡拿出來結緣的仍是《心靈會客室》，可惜已絕版多時。近年我一直想接續前緣，現在總算如願以償。《觀生死》或許可作為新版的《心

靈會客室》，但是在時空流轉、世事無常的緣起緣滅下，原書中的四十四篇文章內容多半已成明日黃花，勉強選用了兩篇，其餘就讓它付諸流水吧！身為大學教師，我認為本書內容適合與同學們分享討論，希望大家能夠欣賞、喜歡它。

鈕則誠

序於二○○七年父親節、結婚二十二週年

【目錄】

參、生生不息

肆、反身而誠

壹、生老病死

單身貴族

　　身處華人社會，傳統的社會規範乃是「男大當婚，女大當嫁；不孝有三，無後為大」。如今西風東漸，人們的思想也開始多元化。從多元的觀點看，一個人成年後的選項，並非只有一種，而是四種：結婚生小孩、結婚不生小孩、不結婚不生小孩、不結婚但生小孩。最後一種是組成單親家庭，這在歐美社會或許行得通，但在華人社會卻可能引來閒言閒語，影響下一代全人發展，因而在此不予鼓勵。至於其他三種可能性，我覺得大家都有進一步瞭解的必要。結婚生小孩是典型的家庭樣態，過去在大家族裏生下小孩不怕沒人帶，如今核心家庭必須要生也要會養。常常看見夫妻忙於工作事業，孩子交給別人照顧，長年下來造成親子疏離，長大後更缺乏相處機會，如此生小孩便失去其意義。

　　我覺得生小孩就必須善養，但不是為了自己，而是為了國家民族社會。著名學者胡適在一九一八年推行五四運動前一年，曾經留下一首寓意深長的新詩，題目為〈我的兒子〉。他是如此苦口婆心地寫道：「我實在不要兒子，兒子自己來了。『無後主義』

的招牌，於今掛不起來了！譬如樹上開花，花落偶然結果。那果便是你，那樹便是我。樹本無心結子，我也無恩於你。但是你既來了，我不能不養你教你。那是我對人道的義務，並不是待你的恩誼。將來你長大時，莫忘了我怎樣教訓兒子：我要你做一個堂堂的人，不要你做我的孝順兒子。」雖然胡適後來陸續生了四個孩子，其一還在大陸反對胡適的運動中，用此詩批判父親；但是我仍然推薦這首詩，並認為值得每一個中國人細細咀嚼。

　　無後主義的精神，我和太太擇善固執地用半生實踐予以印證，確定有充分可行性。至於單身生活，年輕人嚮往做「單身貴族」，我的看法是：單身容易貴族難。所謂「貴族」，應該主要指的是精神上的獨立自主，而非全然為經濟能力的無所匱乏。現今有些人達到適婚年齡，雖然衣食無缺，卻終日惶惶，魂不守舍。這種人充其量只能視為處於擇偶階段，根本稱不上「單身貴族」。要想主動維繫單身，而非被動保持單身，一個人必須學會安身立命的工夫，落實生涯規劃和時間管理，如此才有資格進入「單身俱樂部」。當然這兒指的單身，是「一人吃飽，全家不餓」的真正自了漢，不包括同居生活在內。一旦選擇過單身生活，就需要培養個人興趣，並持之以恆。

終身大事

　　大陸名作家錢鍾書在半個多世紀前，寫過一部小說《圍城》，曾經拍成電視劇在臺灣播放。他在小說中把婚姻形容成一座圍城，在城外的人拼命想攻進來，在裏面的人則一心想逃出去。記得我曾經看見電視新聞報導，澳洲男演員羅素克洛在二〇〇三年成親時，婚前先寫下切結書約法三章，如果三年內違背婚約，需賠償太太相當八億臺幣天價的下堂費。羅素克洛演過奧斯卡名片「神鬼戰士」，得到最佳男主角榮銜。影片中他飾演一名羅馬大將軍，被國王接班人陷害導致家破人亡，他為了替妻兒報仇，忍辱負重，在競技場上與人較勁，終於一雪前仇。劇中人物對太太的一往情深和擇善固執，在現實生活中可能堅持到底嗎？如今三年雖然已過，我們還是繼續拭目以待吧。

　　仔細想想，結婚其實是一件風險相當高的事情，它絕對不是床上多了一個人、桌上多了一雙筷子那麼簡單。結婚是兩個人生活史的交織，織成錦繡還是破布，得靠彼此共同努力。一般而言，兩人年紀越輕，同質性越高，越容易「磨合」。當然年輕指的還是必須成年，也就是身心都已臻於成熟。至於同質性指的

則是雙方各種條件的搭配，相應或互補都可以，至少也要達到不互斥的水準。通常適婚年齡是在二十五至三十五歲之間，此時經濟能力和事業發展都已逐漸落實，讓「成家」為「立業」奠定穩固基礎，的確可收相輔相成之效。我結婚是在三十二歲那年，正就讀博士班二年級，太太則小我五歲，是標準公務員。當時我們認識了一年半，在一件事情上取得共識後，便決定共組家庭。

　　我們的共識是不生養小孩，此一堅持至二○○七年中已歷二十二年。我們的無後主義是經過深思熟慮的結論，而非不負責任的藉口。我進入博士班時，即決定以學問事業為終身職志；太太則在我取得學位謀得教職後立即辭掉公職，回到學校進修，展開她追求藝術創作的生涯。我目前在大學任教，並立志寫作；太太則從事服裝及飾品設計，並熱愛書法和繪畫創作。家中沒有孩子，卻充滿著生命的揮灑空間。我以自己為例，說明無後的處境，並非要讀者朋友起而效法。畢竟一種米養百樣人，人各有志，婚姻生活也不應一概而論。像美國這般自由的國家，仍有八成以上的人，自由選擇進入婚姻的圍城，享受魚水之歡，甚至天倫之樂。如此終身大事，在一開始的時候小心謹慎，日後才有可能和諧圓融。

觀生死

生生不息

　　我年過半百，結褵二十二載，膝下猶虛，害得年屆九秩的老母不時嘮叨，要我無論如何也生一個小的，只是我早已心如止水，完全不作此想。老實說，當初結婚的理由之一，正是太太和我都抱持無後主義，難得巧逢同道，果然一拍即合。我們基於無後思想所體現的生活型態，當然有利有弊、有喜有悲。但是往深一層想，每個人的人生又何嘗不是如此？不種因，不結果；有什麼樣的結果，取決於先前所作的決定，因此一開始的決定很重要。臺灣是中華文化的實踐場域，卻也受到西風東漸影響極深。在生兒育女的思想與行動上，我們一方面感受到「男大當婚，女大當嫁；不孝有三，無後為大」的古老教訓無所不在，一方面又發現個人自主的存在抉擇不無可能。

　　我很慶幸生在一個民主而不威權的家庭，父親雖為革命軍人，但對子女的教育與事業，完全採行開放的態度。像我大學考上最冷門的哲學系，父親只笑著淡淡地說了一句：「以後要靠你自己了，我可不能養你一輩子！」事實證明我這輩子在當兵以前，除了日常生活所需，幾乎沒有讓父親費過心。我是拿到碩士

學位才去服兵役的，退伍後工作三年就進入博士班並且成家。而從小學至碩士班的學雜費，完全由於父親的軍人或榮民身分得以補助，上了博士班則學雜費全免。我選擇讀哲學，源於一種內在的需求；其實走上結婚成家的路，也基於相同的理由；至於無後主義，則屬於哲學性的反省。一種米養百樣人，我承認自己的想法跟一般人有些出入。但是在多元社會裏，只要不違反法律及善良風俗，我看不出有什麼不可以。

結不結婚、生不生小孩，在西方世界大致上是個人的事情，不需要別人操心，也沒有理由讓別人代為決定。子女是父母的血脈，但非其財產；我們可以因為感恩而傳宗接代，但這絕非人生必然。人會生小孩，卻不見得會養小孩。社會上未能善待孩子的情形隨處可見，而學校教育並不能完全取代家庭教育，但是老師的角色卻應該盡可能彌補父母的不足。我不生養小孩，是自己人生哲學的體現。然而我既身為教師，理當對別人的子女多所關懷、照顧。就像陶淵明所言：「此亦人子也！」當老師二十多年，主要教的是大學生，從當初覺得自己像他們的兄長、朋友一般親近，到今天覺得他們像孩子般為我帶來希望。學生來來去去，生生不息，我又何必在乎沒有一兒半女呢？

觀生死

有女萬事足

　　大學時代班上同學一共五十人，女生比男生多六人，大家感情融洽，一片和樂。由於學的是人文類科，班上喜歡舞文弄墨的不乏其人，因此從大一起我們就擁有屬於自己的班刊。詩歌、散文、小說、論述等一應俱全，打字影印流傳，稱得上是最佳聯絡情感的管道。大學四年間，班刊持續一年出版兩期至三期；難得的是畢業之後，大家尚能維持這份傳統於不墜。算一算我們這一班，從大學入學至今二○○七年，已經整整三十四年，班刊前後出版了二十五年始功成身退。近年改以網路版電子報的形式，繼續發光發熱，象徵著同窗情誼長長久久。班刊拉近了天涯海角的心，同學會則結合了天南地北的情。說到開同學會，就讓我想起一些有趣的現象。

　　記得畢業頭幾年，大伙兒相當熱心召開同學會，還分北、中、南三區各自舉辦。一開始是老同學相聚喝茶聊天，後來逐漸加入同學的另一半，成為事業發展和職場見聞的心得交流；再過不久又增添了下一代，話題則轉變為爸爸經和媽媽經。而開會的形式也更為多樣，像在同學家聚餐，小朋友們必須另外準

備麥當勞外加必勝客，否則不得安寧。男生因為要當兵，成家較晚；女同學第一個升格作媽媽的，至今已是近三十年前的事，連孩子都研究所畢業多年了。為人父母者大多有子萬事足，讀者朋友還記得自己的父母是如何相愛而結合的嗎？爸爸媽媽看見你們今日的成就，是否也覺得驕傲、光榮呢？想不想知道當初生產的時候，父母親的心裏到底作何感受？

　　我有兩個同學的心情故事很值得玩味。一個是佛學專家，看見自己的兒子降臨人間，竟然暗自掉淚；心想讓兒子來到世間受苦，深覺對不起他。後來兒子成為美術資優生，如今已進入大學，這位老兄應當不會再感到遺憾才是。另一個是經商有成的企業主，一連生了三個女兒；生三女兒時我們到醫院探望，在走廊遇見他，他說不必看了，便拉著大家去喝酒解悶。他甚至為女兒取名為「婷」，以示停止不生之意。但是拗不過長輩的期盼，七年後終於生下寶貝兒子。三女兒雖然一開始沒有得到關愛眼神的眷顧，但是自己倒挺爭氣的，也同樣能發揮藝術天分，如今在學廣告設計，並且為爸爸的商品做設計，令老爸以她為榮。「不種因，不結果。」希望朋友們好好表現，讓生養的父母以你為榮！

觀生死

孝子

　　「不孝有三，無後為大。」中國的《孝經》上如是說，於是生兒育女成為天經地義，深深種在國人的心田中，揮之不去。尤有甚者，生兒育女的前提是結婚成家，在傳統觀念的影響下，年輕人似乎時候到了不成家也不行。雖然我們已經邁入二十一世紀，但是觀念彷彿仍停留在十九世紀。不過我在此必須立刻聲明，我說這些話的意思，並非要大家離經叛道；而是希望朋友能夠深思熟慮，慎重考慮結婚生子對自己人生的意義。有些人自我意識太強，責任心不足，根本不適合結婚或為人父母。貿然選擇走上這條路，結果導致離婚率居高不下，鑰匙兒比比皆是。當然我們不能把夫妻反目和子女放縱的現象，全都歸結於個人原因；但是畢竟個人的因素，仍然不可忽視。希望年輕人都能反身而誠，在結婚前多為自己也為下一代著想。

　　說到為下一代著想，無疑已成為海峽兩岸我們這一代的共同心願。臺灣的父母想盡辦法讓子女接受最好的教育，甚至為了進明星學校，而早早遷戶口到好學區；最近好學區的房地產價格，已順勢飆到新

高。此外英語、電腦、樂器的學習，一樣也不能少，為的就是讓孩子出人頭地。彼岸的情形也差不多，大城市的父母省吃儉用，盡一切可能把一胎化政策下的小皇帝或小公主，送到名校或民校。後者指的是私立的民辦學校，學費高得驚人，卻仍門庭若市，家長趨之若鶩。一個傳統上講究孝道的民族，如今盛況不曾稍減，只是情勢大幅呈現逆轉。孝道要求順從，過去子女對父母必須「無違」，現在則是父母對子女的要求百依百順，「孝子」在此表現為「孝順子女」的新解。

談到這裏，年輕朋友可曾想到過，父母對你們的付出有多大，愛護有多深！我們不刻意教導大家要孝順父母，但是希望提醒各位慎選配偶、善養子女。傳統的反哺報恩，如今已演變成善盡親職。備受父母呵護的子女，固然應該把愛傳下去；缺少父母關愛的子女，也有機會為下一代開創一片充滿親情的幸福環境。我想這便是自我實現的真義罷！我的同學、同事間，有四十好幾或過五十才初嚐為父滋味的例證，看見他們睡眠不足卻滿心歡喜的樣子，我有一種欣慰和悵然夾雜的心情；欣慰是無後顧之憂，悵然是無天倫之樂。凡事有得就有失，此謂之「機會成本」。人們選擇養兒育女，我獨堅持無後主義；評估機會成本作出存在抉擇，人生實踐自當如是觀！

老吾老

　　我們家的長輩都很年長，甚至可說是長壽的一群：父親十一年前去世時年近八十五，母親今年九十，岳父八十有八，岳母也有八十三。除了父親晚年因為抗癌體弱需人照護外，其餘目前健在的父母，尚能夠自主活動。像母親愛吃洋餐，除了上麥當勞外，還嗜飲可樂，聞者皆說不可思議。有回她老人家得了什麼「蜂窩組織炎」，變得終日發燒病懨懨的。挨了一陣打針吃藥的病痛日子，總算是恢復過來，接著便嚷著要上館子。她想起西門町一家日式料理店，家人大概有十幾年不曾光顧了。我們點了和以前一樣的蛋包飯、烏龍麵與龍蝦沙拉，她還不忘叫一杯生啤酒來佐菜；我看見筷子的紙套上寫著老店開張於一九四六年，而我第一次上門時大概只有八歲。

　　吃完飯散步到成都路天后宮，媽祖婆端坐在大殿之上供人參拜，誰又記得她昇天時，只是一位二十八歲的年輕姑娘？老媽慎重其事地求了支籤，口中念念有辭，我則祝她長命百歲。出得廟門看她還有遊興，便又行至紅樓劇場小坐。老劇場改建後煥然一新，樓下已賣起咖啡；老人家點了咖啡，還不忘要一塊黑森

林蛋糕。在咖啡的香味和鄉土的樂音中，她提起半個
世紀前在這裏看顧正秋演京戲，而我對紅樓的印象則
是高中時代的二輪電影。歲月催人老，幾度夕陽紅，
站在寬廣的中華路上，人來人往，車水馬龍，擁擠的
中華商場長廊光影，竟然被沖刷得無影無蹤。當老媽
的記憶停格在五十年前，我也驚覺二、三十年不過是
過眼雲煙；母親眼中的孩子，也有老來的一天。

　　老師當久了，心情始終年輕，多少也對自己的
年歲產生錯覺。直到有一天到附近超商去繳電話費，
櫃臺裏的小妹把收據和找零遞給我時，自然輕快地喚
一聲：「伯伯，好了！」對我卻是一語驚醒夢中人。
回家在鏡中端詳，可不是嘛！兩鬢泛白，大腹便便，
標準老芋仔一個。難怪在系上聚餐時，幾位女老師笑
稱我們僅有的兩名男老師具有「中年魅力」，意思是
我們都已經步上「老教授」的行徑了。心想還有十一
年才會屆齡退休，如今卻已顯得「老成持重」；而我
的老母卻年屆九十，尚顯得返老還童。看來我在「關
心」年邁母親的同時，也得開始「照顧」逐漸老化的
自己。長期照護的真義，除了「推己及人」外，更重
要的理當是「自求多福」吧！

以老為師

　　頭一回跟「老」字沾上邊的時候我還很年輕，年輕到尚未去當兵。那是我碩士班快要畢業的前幾個月，找到一份打工的差事，在學校附設的語文中心教洋人講華語。老外來自歐洲和美國，仰慕中華文化，也很懂得尊師重道。一開始我從注音符號教起，他們學了沒多久就開始「老師」長、「老師」短地喚著我。第一次被別人稱作「老師」，還真有點兒不習慣，因為我還停留在叫別人「老師」的學生階段，根本沒有想到以後會半輩子當老師。老師其實不一定老，再說教年輕人教久了，即使人老心也不會太老，這或許是當老師的好處之一。當年我在學校教了三個月華語就去當兵了，因為是研究所畢業，所以有機會考教官。入伍後八個月，我從部隊調至軍校教書，展開我的教師生涯。

　　在軍校磨練了一年三個月，教些相當於高職生的士官班學生，總算是真正為人師表。退伍後到外面做了三年事，再回頭去讀博士班，晚上在學校兼課，就這麼成為大學教師。那年頭讀夜大的男生因為當過兵都比較老，差不多二十好幾，我則剛好三十出頭，

大家對我亦師亦友，相談甚歡，誠可謂教學相長。從一九八四年起，我未曾間斷地教了二十三年的書，連同前面的一年半經歷，竟然已接近二十五年。驀然回首，不禁驚覺老之將至。學生們「老師」聲聲催，就這麼歲月催人老，身心似乎都有些不中用了。對我而言，當老師已經從一種職業變成一份事業。尤其是我目前教的學生大多是未來的中學教師，即所謂師資培育工作，責任何其重大！這使我深自反省老師角色的意義。

我的結論是取其廣義，即「三人行，必有吾師」；意思是說，每個人都可以從別人的經驗中，學習到寶貴的教訓。老師是制度化的經驗傳承者，老人卻可能是不經意中的瑰寶。年輕朋友在發展事業當中，有幸碰到生活經驗豐富的長者或老人，不妨虛心求教，把他們當作指點人生迷津的前輩。「老師」在此的另一層意義，應該是「以老為師」，這可以視為敬老尊賢的具體表現。過去我曾聽說過，醫學院校要求學生「以病為師」；因為我們從臨床病人身上，學到了醫療照護的真正知識。同樣的道理，以老為師也是從接觸長者的過程中，去體會玩味生生不息的道理。我們都會變老，而老人也曾經年輕過，彼此應該化代溝為忘年之交，讓人間充滿喜樂才是。

自我生命教育

觀生死

老之將至

　　年輕人活在未來的希望裏，老年人活在回憶的經驗中。身為中年哲學教師的我，於教學和寫作的平淡生活內伸出頭來，驀然回首，竟驚覺老之將至。雖然法定老年為六十五歲，距離目前尚有一段時日。但我所想到的，乃是一種主觀心理感受；亦即瞭解到，不應對未來抱太多希望。當然我還沒有完全走上活在回憶中的人生道路，然而確實體會到，有許多年輕時候的夢想，將永遠不可能實現。如今的生命情調變得比較務實，也比較豁達；能夠把手邊的事情做好，就謝天謝地了。年過五十，我終於領悟到孔子「五十而知天命」的智慧；並且遵從他老人家「盡人事，聽天命」的教誨，而踏實地生活，只希望「日日是好日」，從此無他。不過話雖如此，我的心境仍然不時會回到青澀的十五歲去。正是從那一年起，我想到要追尋「人生的意義和價值」。

　　我對自己走向哲學之路，並不覺得是「宿命」，卻越發覺得是一份「使命」；換句話說，長期以來我從未「認命」，但最近卻越來越「知命」。平心而論，二十世紀後期在臺灣念哲學，難免會有一股淡淡

的哀愁，因為它實在是冷門得不能再冷了。人家一聽說我念哲學，便問我會不會算命，彷彿這才是哲學的一技之長；沒想到近年國外流行起「哲學諮詢」，算命因此也算得上是一套「民俗療法」吧！我倒不期望自己步上此道，反而是努力嘗試著書立說，以落實文以載道的理想。哲學教師當久了，學生聽不聽倒在其次；自己逐漸摸索出一條哲學道路，卻是意外收穫。過去我長期曹隨前人步履，不敢有太多自己的意見。如今老之將至，竟然感覺海闊天空起來，不免有些吃驚！

行到中年，真正的感受是「前無古人，後無來者；念天地之悠悠，獨悵然而涕下」。這其實是提醒自己「往者已矣，來者可追」，而再不做點什麼，就真的逼近「老之將至、死之將至」的大限了。於是我決定做點什麼。能夠提早退休，我也許會選擇退休，然後去實現我的寫作之夢。哲學書要寫，文藝創作也要展開；我們這一代「四年級生」的人生體驗，畢竟還不至於乏善可陳，不寫也許真的不知道有什麼可以寫。此外如果有機會，我甚至還願意重回校園做個老童生，以實現「活到老，學到老」的終身學習理念。總而言之，行過中年，老之將至，讓我看見的不只是人生的有限性，更映現出它的可能性。我能夠做的，正是在有限生命中發揮最大可能。

存在主義作家卡繆寫過一部探討人類存在情境的小說《瘟疫》，描寫發生在二十世紀北非一座城市出現黑死病的景況：許多人倒下去了，人心惶惶，只有一小群不向命運低頭的勇者在默默抗疫，終於擊退病魔。然而卡繆的結論卻是，人們抗疫的過程代表「一場永無止境的失敗」。印證他筆下不服輸英雄所體現的「西齊弗神話」，的確讓人領會到生命的荒謬與無奈。閱讀存在主義著作，是我們這一代人在年輕時的集體經驗。時光倒回至三、四十年前，政治氣氛低迷，人心沒有出路；從西方傳入的存在主義思潮，在臺灣找到知音，提供了年輕人一份心理的慰藉。不過平心而論，當年雖然有保衛釣魚臺、退出聯合國、對日本斷交等等外在受挫事件，整個社會在威權統治下，還是維持著穩定的運作。我照常騎著單車去上課、念補習班、考大學；存在主義的荒謬故事，始終只是書本中的時代背景，從未想到它也有實現的一天。

二〇〇三年春夏之際，起源於亞洲地區、迅速擴散至全球的傳染病「煞死」大流行，對我而言，可

視為一次存在主義式的真實體驗。先是三月看見香港瘟疫蔓延，再加上張國榮跳樓輕生，螢光幕上出現送葬時，人人戴口罩的詭譎景象。這時臺灣人民彷彿隔岸觀火，無法感同身受。但是旋即瘟疫在臺灣迅速爆發，而且立刻有人病故；死亡人數並不斷攀升，事不關己的電視畫面，一下子轉變成生死攸關的眼前事實。走在滿街戴口罩的人群中，驚覺自己也成為這場驚悚大戲的一員。人生如戲，但是苦難當前，卻不能遊戲人生。像我身為一名教師，學校規定進入校園一律戴口罩，於是我蒙著面站在講臺上，對著一群蒙面學生，講授同步體驗的「生死學」。

原本熱情的生命交流，變成冷凝的喃喃自語；唯有任何一聲咳嗽，才會吸引大家的注視眼神。惡疾在極短時間內，把我們的生活世界，轉變成一座座幽黯的城堡。在其中人人自危，信任感為恐懼所淹滅，病人被徹底從世間排除，直至骨灰一罈而後已。至於一時心軟的同情，換來的則是無法挽回的疏失，迫使大家必須硬著心腸以求存活。存在主義對此提供的教訓正是：任何人皆無逃於天地之間，因此必須學會如何頂天立地。生病是每個人一生中幾乎難以躲避的經驗，大家的反應必然是期待病癒。然而當一場致死之病突然襲來，人們想到的只有如何躲過一劫。「煞死」在臺灣的快速橫掃，來去匆匆，一時讓大家慌了陣腳。如今事後回想，不禁感到「居安思危」、「以病為師」的重要。

飛越杜鵑窩

　　年輕時看過一部得獎電影「飛越杜鵑窩」，是講精神病院對病人不人道的故事，發人深省，從此「杜鵑窩」一詞即成為精神病院的代名詞。老實說，我對精神病人是深為同情的，有時甚至可說相當認同。因為我在大學重考那一年，經常魂不守舍，整天憂心忡忡；好心同學引介我去接受專業心理輔導，竟被診斷為「有精神分裂傾向」，嚇得我趕緊自我找尋出困之路。我在高中時是個好讀書不求甚解的孤僻少年，結果差點得了精神病。然而解鈴還需繫鈴人，我在不知如何是好的情況下，還是選擇靠讀書來自力救濟，沒想到真的碰上開卷有益、終身受用的好書。記得當時我到牯嶺街舊書攤去尋寶，居然買到一本有四分之一世紀歷史的大陸版舊書——林語堂的《生活的藝術》。

　　那是一冊封面斑駁，紙張泛黃，而且不時發出霉味的老書，卻意外成為我生命裏的一盞明燈。當我翻開扉頁，映入眼簾的是明清之際作家張潮在《幽夢影》裏的兩句雋永小語：「能閒世人之所忙者，方能忙世人之所閒。」突然讓我感到醍醐灌頂的清涼、當

頭棒喝的淋漓，以及豁然開朗的喜悅。此後我至少變得不是那麼濃得化不開了。大學考上哲學系，是自己歡喜的志願；但是過去浸淫在存在主義思潮中，百思不解的人生意義，仍然尋不著答案。直到有一天在系主任桌上，看見日曆板上的兩行字：「忍片刻風平浪靜，退一步海闊天空。」頓時大為釋懷。我在哲學系從大學讀到博士，花了十年時間，結果讓我成為教書匠，靠吃粉筆灰餬口至今。

教師生涯一開始有些眼高手低、患得患失，偶然在寺廟裏拿回一些善書閱讀，又如獲至寶地尋著兩句嘉言：「此念是煩惱，轉念即菩提。」是啊！一念之間的確可以改弦更張、扭轉乾坤。人者心之器，一個人的想法會影響他的作為。當他做不到，可能是因為根本沒想到。在意念上鑽牛角尖只會坐困愁城，難以自拔。唯有在一念之間自求多福，才能夠海闊天空，飛越杜鵑窩，擺脫掉可能墜入精神疾病的悲慘命運。我以前在護專兼課時，經常取笑男護生，說畢業後只有精神科會收容他們，現在想想不免慚愧。精神科病院或病房是需要專業人員去關注、去奉獻的地方，社會大眾也不要被一些積非成是的刻板印象影響望而卻步。杜鵑窩是人本關懷與照護的重要試煉場所，大家必須深思明辨才是。

觀生死

同學，你好嗎？

退伍後我找到的第一份工作，是到女性雜誌社當記者；女主編派給我的第一項任務，是去採訪「杜鵑窩」，報導有關精神病院的實況。我在大學雖然念哲學系，卻對心理學深為著迷，跑到心理系去修了一大堆課，目的則是「診療」自己的顛倒夢想。當年我修了一門課叫「變態心理學」，教授為三總精神科主任沈楚文。那門課我們聽了許多個案分析，真是無奇不有，讓我慶幸自己還算是個精神健康的人。後來聽說老師自軍醫院退伍，轉任榮總精神科主任，我一直想找機會去拜訪他；沒想當自己退伍後當記者，竟然有機會去採訪他。我和老師約好到榮總精神科進行訪問，到那兒時，看見牆上掛著一塊布告版，寫著十二名住院患者的名字。其中第十二位是前一天晚上才住進去的，名字相當熟悉，不正是我多年不見的大學女同學嗎？

在滿腹疑惑之下，我忍不住請問老師有關病人的「隱私」，果然是分別四年的老同學；因為有幻聽、幻覺，在家中出現狂亂現象，半夜被救護車送入。這下子可令我大吃一驚！哲學系屬於文科，原本即是

陰盛陽衰。偏偏我中學六年讀的全是和尚學校，家中又沒有姊妹，因此完全缺乏跟小學以上年輕女生朝夕相處的經驗。進入大學後一時竟難以適應，花了相當長的時間，才學會跟女同學心平氣和地相處。記得有一位女同學英文極好，為人又十分熱心，一年級時就邀請全班到她家去包水餃，無形中拉近了同學們的距離。這位女同學對哲學的興趣不大，卻志在當英語教師；好像畢業後不久，就聽說她出版了一冊英文文法參考書，算算還是全班第一個著書立說的同學。

　　沒想到幾年後竟然身陷「杜鵑窩」，令人不勝欷噓。故事大致上是這樣的：我的女同學出自單親家庭，父親為老榮民，對兒女採用威權式管理。同學的哥哥和妹妹都學會逆來順受，敬而遠之；偏偏她本人一向擇善固執，長期與父親對立。有一天她鎖門嘔氣，父親竟破門而入加以責罵；對此一暴力舉動，女兒驚嚇之餘，開始出現身心異狀。其後雙方衝突不減反增，終於導致她的精神崩潰。老同學出入醫院多次，再見著她已是五、六年後。有一回開同學會，她意外地出現了，很興奮地表示自己剛出版一本文法書，拿出一看竟是十年前的舊作。原來她的生命已倒轉至畢業之初，此後至今竟是一片空白。這讓我不禁在心中輕聲問一句：「同學，妳好嗎？」

觀生死

交代

　　自從知道有「預立指示」這件事以後，我就覺得它代表著今日人類的無奈與悲哀。一九九六年老父在美國重病送醫，第一次看見這種文件。而在家屬代行簽署之後的三十二小時，他老人家便離開人世了。想想可算是有驚無險，讓他得以全身而退。有些重症病人恐怕就沒有這般幸運，他們可能在與死神拔河的過程中，受到命運無情的擺布，挨到最後一刻才含恨以終，死前仍痛不欲生。現代科技如此折磨人，可真算是文明的一大諷刺。以前的人活不長，無藥可救時卻能「知命」；如今我們活得夠久，臨終前被機器控制只好「認命」。「安寧緩和療護」的出現，以及「預立指示」的普及，多少意味著不希望作繭自縛的出困之道。科技造福人類，卻也帶來不少後遺症，由此可見一斑。

　　以一般遺囑交代後事，屬於人之常情；需要用到預立指示交代前事，可就不近人情了。偏偏現代「先進的」醫療科技，把我們帶進這種生命的窘迫之境，加深了臨終前「身不由己」的悲哀。而從另一方面看，其實醫療人員也有身不由己的處境。畢竟救人

乃是醫師的天職，他們不能見死不救。過去醫療不甚
發達，醫師和病家只好「聽天命」，彼此沒有什麼爭
議。如今科技越來越進步，足以「盡人事」的空間變
得寬廣許多；醫病雙方對於治療方案和生死決策，並
不一定同調，反倒容易引起爭議。尤有甚者，萬一病
人不幸死於手術檯上，家屬一狀告進法院，或是在醫
院門口灑冥紙抬棺抗議，都會讓醫院產生困擾。預立
指示的實施，一方面固然是尊重病人自主，一方面也
有為醫院擺脫醫療糾紛的考量。

　　美國是一個講究法治的資本主義社會，勵行預
立指示制度，並不令人感到意外；身處華人社會的我
們，住院治療還要自擔風險，難免令人不太適應。但
是如今它已於法有據，大家只好從善如流了。不過我
總覺得，既然預立指示都已交代，不如把遺囑也一併
寫下，如此一來可說萬事齊備。寫遺囑、立指示，都
屬於未雨綢繆之舉，卻也可以就此反省人生。我多年
來開授通識選修課「生死學」，照例期末得寫遺囑當
作業。看他們在課堂上煞有介事地埋頭苦幹、振筆疾
書，有人寫到下課都不捨得交卷，不免深有所感。有
位同學表示，他就是聽說這門課要寫遺囑才來選修
的。年輕人覺得如此上課很新鮮、很「酷」，我卻希
望他們在大學畢業成人之前，對自己有個交代，讓人
生從此擔起應負的責任。

觀生死

善終

　　一九九三年初，我跟隨一個師生訪問團前往大陸，在心理學前輩黃天中教授帶領下，走訪了當時的天津醫學院，首次接觸到「臨終關懷」活動。十四年過去了，改名後的天津醫科大學，如今已成為大陸上首屈一指的臨終關懷教學與研究機構，面向十幾億中國人推廣「善終」的觀念。「臨終關懷」在臺灣最早稱作「安寧照顧」，後來改為「安寧療護」，再擴充為「安寧緩和醫療」或「安寧與緩和療護」，但我還是覺得大陸的名稱淺顯易懂：對臨終病人的關懷照顧。不過事情並沒有像表面上那麼簡單。因為現代醫療科技發達，即使是臨終病人，也必須救治到底；所以關懷照顧經常被加護急救所取代，死而後已，卻未得善終。為了讓末期臨終病人擁有另類選擇，西方國家乃發展出「緩和醫療」，以取代急救治療。

　　緩和醫療以緩和病情為主，事實上已不再進行無謂的治療了。但是如此作法，在病家看來無異是「等死」；醫護人員很難說服病人和家屬，放棄最後一線希望。這件事表面看起來很殘酷，但是仔細一想，它正是每個人終究必須面對的現實：臨終關懷適足以

讓這個過程，變得更合乎人性。記得有一回到淡水馬偕醫院安寧病房去參觀，他們送了一卷公益教學錄影帶，我帶回來放給學生看，大家終於曉得是怎麼一回事。節目裏有孫越、陶大偉、張小燕講解，大意指人生是一段旅程，到了站就該下車，這點我想人人都懂。問題是有些人的臨終階段，需要拖上一段時間，卻很容易被人間遺棄；也就是所謂「生物性死亡」之前的「社會性死亡」，這的確不是一件妥當作法。

　　無論是「臨終關懷」還是「緩和醫療」，其目的都在為末期病人送終，同時希望他們能夠得到善終。在臺灣，安寧與緩和療護的主要對象乃是癌末病人。由於每年十四萬死亡人口中，有四分之一是癌症患者；而癌末病患必須忍受半年上下的痛苦歷程，緩和醫療即為緩解此一痛苦而發。我對緩和醫療的瞭解，最早來自一冊書《情深到來生：安寧照顧》所介紹的美國實況，近年臺灣也有不少學者專家通過醫護現場的考察，記錄下安寧病房的點點滴滴，可視為極佳的在地化生命教育教材。不過像「臨終關懷」這樣的概念或議題，要想深入人心，不只是在學校推廣生命教育，更必須把它擴充為一種全民教育。唯有把死亡和臨終的議題，納入每一個人的人生觀當中來考量，生命方能真正彰顯出意義。

尾聲

生死學於一九九三年中在臺灣問世，第一個生死學研究所的設立，則是四年後的事。以人類生老病死為主題的課程，如今已相當普及，一般多列入通識科目講授。只是把生死學納入推廣教育課程，立刻造成轟動的情形，倒是很少看見。就在生死所創立的前一年，我有一位輔大哲學系的學長吳寧遠教授，在高雄中山大學率先開設推廣班，向社會大眾引介生死學，一度蔚為風行。連開數屆都門庭若市，足見人們求知若渴，追求終身學習的意願甚高。吳教授篤信天主教，年輕時出家為修士，輔大畢業後赴羅馬進修。有次到德國蒐集論文資料時，認識一名臺灣女留學生，竟墜入情網，終至還俗結婚。後來兩人都取得博士學位返臺任教，分別在南部及北部大學中，擔任教授和系主任，堪稱事業有成，鶼鰈情深。

無奈天妒英才，菸酒完全不沾的學長竟罹患肺癌，住院時已達三期，醫師表示只能善盡人事。那時他住在臺大醫院，接受醫師建議進行化療，同時必須出院回家，以門診方式回診治療。我們問醫師可不可以讓他繼續住院，答以有十七名病人在等待那張病

床，大家聞之皆無言以對。聽說吳教授後來受不了化療的副作用，而決定放棄；轉而選擇和太太搬到中橫山居，沐浴在大地靈氣的洗禮中，與天地合其德，向人間及摯愛告別。不久我接到訃聞，趕到高雄去參加他的追思彌撒，於莊嚴肅穆的聖樂中，為他的生命劃下尾聲。在生死教育的推動上，學長算是我的前輩，見他灑脫安然地告別人間，不啻為生死學作了最佳見證。這又讓我想起多年前另一位大學同學因病去世的情景。

同樣是肺癌侵襲，我得到消息去探望時，人已在臺北榮總接受治療。他看見三名老同學到訪相當激動，緊緊握住我們的手，三個人卻不知該說什麼安慰的話。其後一名同學不忍再去看他，我和另一同學總覺得該為他做些什麼，於是不約而同地每週去探望一次。我們一直陪伴到他病入膏肓，不省人事；因為他是我們畢業後第一個離世的同學，所以大部分班友都到殯儀館為他送終。這位同學出身憲兵，身強力壯，卻不敵病魔折磨。他的遭遇讓我看見生命的尾聲，有時竟是如此不堪。公奠時我望著他的遺照，想起大學時代有一天行經操場，看見他在快樂地打網球。我隨口問一句：「你快樂嗎？」他很有信心地回答：「當然快樂！」此刻我不禁又要對老同學詢問一句：「你快樂嗎？」

自我生命教育

觀生死

話別

　　一九九六年剛放暑假時，我自臺北至美西參加學術會議，順道探望久病的老父。下午五點返抵父母家門，父親臥在伴他多年的大躺椅上，聞聲卻無法起身，只能揮手示意。我知他病得不輕，趨前說了些安慰的話，並且把自臺灣購得父親的小說舊作送到他手邊，他略帶興奮地翻閱了幾頁，然後若有所思地闔眼睡去。七時許我和家人圍桌吃晚飯，父親並未離開他的躺椅。剎那間，我們聽到他急促的呼吸聲，接著出現一陣痙攣，大家知道事態嚴重，一方面電召急救，一方面盡量讓他的情況穩定下來。三分鐘後，救護車已經上門，專業人員訓練有素地進行了十五分鐘急救，然後將父親抬上車，呼嘯送往最近的醫院。這是他一生中最後一次出門離家。

　　聽說父親在十四歲那年首次離家赴日留學，先學師範後習軍事，此後戎馬半生。他是五十三歲時自軍中除役，六十八歲由文化界工作崗位上退休赴美，享受了十七年的閒雲野鶴與天倫之樂。中國半世紀來由於各種政治經濟社會因素，使得許多人飄洋過海落腳亞美利加，圖得就是生活安定，父親即為其一。看見

他晚年兒孫滿堂，寫作自娛，麻將同樂，有精神還外出吃吃小館，嘻嘻哈哈走完一生，我們為人子女的，也就不是那麼悲戚了。事實上父親在去世前十三年，即得知身患癌症；但他非但不表消極，反而全心配合治療。後來病情雖被控制住，健康仍不免大打折扣。在這種逆境中一路走過來，他的豁達心境，多少是靠著一些中心信仰支撐的。

　　父親幼年時隨祖母與佛法親近，抗戰時因為避敵躲在寺院中，傳奇式地當了八個月和尚，因緣薰習，種下日後探討佛理的興趣。中年之後發心著述，即是為還願。一個有信仰的人，心靈畢竟是充實的。父親臨終前在醫院待了三十小時，由母親代行預囑，沒有進行不必要的急救，安詳地大去往生，仍可說是壽終正寢。父親離世那個暑假，我參加會議發表論文的主題正是生死學。開會那幾天，我也同時在料理父親的後事，奇妙地出現理論與實務相互參照的機會。這是我第一次看見生前預囑的執行，觀察到美國的急救系統和醫護專業的運作，以及殯葬人員鉅細靡遺的服務，讓家屬完全無後顧之憂。父親從臨終到往生，我恰巧有幸隨侍在側，目睹至親大去，親口跟他話別，可說上了生死學寶貴的一課。

31

揮灑自如

　　印象中有兩次看見怵目驚心的死亡景象。一次是高中騎單車上學，出門即碰上死亡車禍，受害者頭殼破碎，腦漿和著血水從路面流向邊溝，我不明究裏竟然從血流上面輾過，嚇得差點跌下車來。另一次則是誤食毒物送醫洗胃，虛弱地躺在急診室入口附近休養觀察，看著人潮進進出出，猛然瞥見一名頸部斷成半截的女騎士匆匆被送入急救，不久又蓋上白布推了出來。意外造成的死亡總是如此不堪，以至人們常將死亡與可怖及醜陋畫面聯想在一道，似乎忘卻了人死也可以有著自然祥和的形貌，彷彿安眠一般。讓我對於死亡產生比較正向的印象，肇因於為老父送終的經歷。父親六十八歲退休後到美國隨我哥哥居住，七十二歲發現罹癌而接受治療，病情得以控制但身體卻日益衰退，終至虛弱得無法搭機返國，只好在異鄉終老，以八十五歲高齡去世。

　　父親半生行伍，官拜將軍，退伍後投身文化事業，可謂文武雙全。晚年得病後外表大不如前，心情倒是逐漸沉潛內斂。當父親在美定居時，我則走過當兵、就業、深造、任教等人生奮進階段，一年僅有一

兩次機會前往探視。每回見他不斷地步入瘦弱衰退的
境地，心中總是不忍。最後一次探訪竟然為他送終，
那年我赴美參加研討會發表論文，主題還是生死學。
猶記到家時他已氣若游絲，見我只能點頭示意，說不
出話，兩小時後便昏迷送醫，又過了三十小時終於往
生，去世時僅三十一公斤，可謂骨瘦如柴，死亡實意
味解脫。這是我頭一次遭逢至親逝世，衝擊不能說
小。然而當我一週後去參加告別式，瞻仰遺容時，看
見老父西裝筆挺安睡棺中，面容慈祥，還帶著微笑。
如此得體的善後，竟讓我有一種喜樂的錯覺。

　　說喜樂也不為過，因為看見解脫。父親臥病十三
年，縱使以高齡辭世，晚年終究有些折磨。雖然人的
成住壞空，正是回歸自然的平常樣態；但是無謂地受
苦，仍不免令人抱憾。反觀我自己，不求飛黃騰達，
但願揮灑自如；如果我連生命中最基本的自由自在都
不可得，那我寧可早些離去，不必留在世間活受罪。
行過半百，一開始難免感到時不我予；幾經反思，到
如今終至領悟「盡人事，聽天命」的道理。目前我覺
得生命的意義在於穩紮穩打、一步一腳印，而且隨時
得以適可而止。只要能寫，我打算一年至少寫出一本
書；只要能走，我願意到大江南北到處遊歷。我從小
被教導自己是一個中國人，卻對中國認識不深、顯得
陌生，所以希望有生之年不斷走走看看。只要筆下與
足下流動著自由，我就願意盡情揮灑，否則還是讓我
告別人間吧！

一息尚存

　　有天我接到電話，得知一個學生剛剛往生，趕到醫院時正看見兩名護士在幫他穿壽衣，我也戴上口罩手套從旁協助。這時距他斷氣還不到一小時，柔軟的軀體任人擺布，使我想起有回將一名醉酒同事抬上床的景象。這個學生患有肺結核卻不自知，正在為事業打拼的壯年時期，終因長期操勞而一病不起，去世時才三十五歲，令人相當惋惜。由於死亡證明書上載明是法定傳染病，大家都相當緊張，連運送遺體都用屍袋裝載，更讓我感到「煞死」流行期間的駭人景象浮上眼前。遺體在不到四十八小時之內立即火化，一個有血有肉的人遽爾煙消雲散，只留下親人好友的聲聲祝福。亡者是佛教徒，得以往生為另一個有情眾生。宗教的來世許諾，的確具有安定人心的作用。

　　這個事件並非突發，卻令我沉思良久。學生去世前，在醫院加護病房足足躺了六週之久，完全不省人事，只靠鼻胃管和呼吸器維生。此種現代醫療科技，雖可以維繫一個人生命的「量」，卻難以改善生命的「質」。當我看見護士一方面小心翼翼地從往生者鼻中抽出長長的維生細管，一方面還不忘說一些安

慰亡靈的體貼話語，不由得讓我對護理工作產生高度
敬意。同樣的敬意也落在從事禮儀工作的殯葬人員身
上。我講授生死學與生命教育課程多年，學生有不少
來自護理界和殯葬業。在課堂上他們聽我大談生老病
死，這回我卻在醫院的病房和往生室看見他們真正的
服務情形，著實讓我上了寶貴的一課。「死者為大，
以病為師」，這些都是我經常掛在口中的語頭，如今
卻成為真實體驗，不啻屬於我自己的生命教育。

　　我雖然也是佛教徒，但是對於往生來世之事不太
在意；反倒認為人死如燈滅，如何在生前發光發熱才
是大學問。我主張人只要一息尚存，就必須不斷為自
己爭一口氣。重點不是苟延殘喘，而是獨善其身。生
物性的「生命」固然重要，但是病入膏肓卻用器材維
生卻不見得有必要。我所看重的是心理的、社會的、
倫理的、精神的「生命」，生命教育正是教人如何
安身立命的方便法門。我自己十分嚮往道家「自然無
為」的人生境界，倫理關係傾向追求「無求於人，亦
不為人所求」的自了漢工夫。只要我一息尚存，就會
為維繫這種生命情調的抉擇而努力。我提倡獨善其身
式的倫理學，人們質疑「獨」的不負責任，我卻強調
「善」的難能可貴。君不見世上多少政治人物發願兼
善天下，卻搞得天下大亂。還是讓生命教育從獨善其
身作起吧！

視死如歸

　　過去每當我看見「視死如歸」這四個字時，總會把它簡單地解釋成「不怕死」而已。年過半百之後，開始覺得死亡已在不遠處向我招手，猛然間對這四個字有了新的體認。不知道為什麼，最近我常把「視死如歸」跟「賓至如歸」聯想在一道，彷彿步向死亡便像回家一樣。若真問我怕不怕死，答案應該是不怕；但我相信自己怕痛，我極不願意忍受無謂的痛苦與折磨。如果真的有那麼一天，安寧緩和醫療、醫助自殺、安樂死等措施，也許都是我的選擇。我選擇念哲學是為了安頓自己的顛倒夢想，從來沒想到要靠它謀生糊口；之所以走上這條路，大概是別的路都走不通的緣故。我踏進哲學至今三十四年，始終感到自己徹頭徹尾是個邊緣人，同時不斷在進行邊緣性的思考，這大概是我的邊緣性格所致吧！

　　也不確定是什麼機緣，我從哲學邊緣滑向生死學。如今生死學當道，我卻始終認為它像宗教一樣，「不可說、不可思、不可議」，勉強去說它，只會掉落於名相之爭中。仔細想想，「生死」如何「學」？要想成為這方面的學者專家，莫非得死而後已？雖然

近年我還是開授一些以「生死」為名的課程，但我主要在向學生表達自己的人生哲學。我並不希望年輕人有樣學樣，卻想讓他們找到自己的人生觀。至於我自己的人生哲學，可說是私淑林語堂《生活的藝術》一書的結果。記得頭一回讀這部書，是在考大學前夕。當時我夾在十萬考生中，心情七上八下；信手拈來的雜書，卻意外帶來醍醐灌頂的清涼效果，至今仍覺受益匪淺。三十多年後，我在反思自己的人生哲學時，仍免不了受惠於林語堂的儒道融通思想。

　　古典儒家和道家都是標準的現世主義者，直到佛教和基督宗教傳入後，「死後生命」才變得有意義。有人曾問我這方面的問題，我的一貫答案是：「如果有來世，那便不是我；如果那是我，就不算來世。」死去便一了百了，親切得像回家一般，有什麼好怕的？死亡當頭還有一個好處，就是可以把許多事情看破、看透、看開。其實這並不需要等到臨終前才有所醒悟，人原本即無時無刻不在步向死亡，只是時間早晚而已。八十歲同十八歲在宇宙時空座標上根本沒有差別，而人死後不管入土入塔，等將來地球變成一團大火球，全部清潔溜溜。我說這話不是悲觀消極，而是「退一步海闊天空」。老實說，自從我產生了「視死如歸」的感受後，生命與生活反而出現嶄新的意義與價值。活著仍舊不錯。

自我生命教育

觀生死

歸去來兮

　　教生死學十餘年，不免會被學生詢及死亡態度的問題，我一向都是輕鬆以對。有回學生問我，臨終前最後一句話想說什麼？我直覺地答以：「我先走了，你們隨後來啊！」然後哈哈大笑。那天晚上下課，我獨自穿過一個陰森的人行地下道，突然想起自己先前說的話，竟然開始懷疑會不會笑得出來。我常跟學生講，我不怕死，但是怕痛。死亡不可怕，不死才可怕；我無法想像人生一直活下去要做些什麼。不過現今至少有四分之一的人，到頭來會死於痛苦的絕症；聽到各式各樣有關受盡折磨病死的傳言，我不禁感到驚恐。誰也無法預料自己死前會是何等景象，但終究必須嚥下最後一口氣。我只希望在嚥氣之前，還有氣力說出上面那句話，並且放聲大笑。

　　其實細細咀嚼那句話，又勾起我的一些疑惑。「我先走了」，走去那裏？信教的人有「死後世界」可以投奔，有「死後生命」為之嚮往；不興或不信此道的人，只好獨自承擔「不知所終」的孤寂和失落感。現世主義者著眼於當下，不去碰生前死後之種種，難免會產生一些焦慮。但是放大去看，科學告訴

我們宇宙無限大，相形之下人類益發顯得渺小。過去我也經常對宇宙之外有些什麼感到困惑，如今則覺得有此遐想不一定要找到答案。如果我們把追求真相的心態，轉換為追求美感的體驗，也許會為之釋然。人類登陸月球後，沒有發現嫦娥和玉兔，卻更加鞏固了嫦娥奔月的神話地位。人死後明明無處可去，但是把它想像成登上天堂、步入極樂、回返道山，也不失美事一件。

用審美的眼光看待事物，可以矇矓一些，不必太當真。於是我開始相信自己一旦「先走了」，便得以擺脫「心為形役」的苦痛，迎向海闊天空、自由自在的美麗境界。陶淵明不願為五斗米折腰，乃有「歸去來兮」的決定。人生終究得有個去處，無處可去或不想漂泊則乾脆回家。我們大可把死亡想像成回家，回到還不曾受孕以前那種空靈的境地。年輕時我對性愛之事感到好奇，發心一探究竟，甚至還開過一門「愛情學」的課，卻終究不曾轟轟烈烈。後來開始對生死之事強烈嚮往，一頭栽進生死學的世界，浮沉十數載，著述十餘冊，近來卻漸感辭窮與不耐。看來生死不能一味空想，生活仍然必須實實在在地過。長期以來的求知生涯，不知是否能夠用美感去加以修飾？

觀生死

入海為安

　　我在大學裏講授「生死學」通識課程，至今已有十二年之久；照例在學期末要學生繳交一份作業，就是他們的遺囑。對於這份功課，絕大多數同學都很認真地去寫，畢竟課是他們自己選修的。敢來選這門課的同學，相信會勇於面對自己的生與死。一般遺囑的內容至少包含四部分：財產分配、子女託付、交代後事、告別親友；年輕人尚未成家，子女託付則改為父母照料。我跟學生講，寫遺囑可藉機對一生作成回顧，算是一種心靈洗禮和自我教育。同學們對此的參與程度甚高，有的人洋洋灑灑、鉅細靡遺地寫得十分豐富，還慎重其事簽名蓋章，有的還找了見證人簽署，幾乎可視為具有合法效力的文件。而遺囑內容最讓我感興趣的一點，就是有相當多的年輕朋友，選擇回歸大海的拋灑葬。

　　十幾二十歲的青年選擇海葬，或許夾雜了一些浪漫的嚮往；可是當我聽到高齡九十的老母，不只一次提及，她也希望將身後事付諸大海，就值得我認真考量了。海葬屬於環保自然葬的一種，其他方式還有樹葬、花葬、空中拋灑葬等。電影「麥迪遜之橋」結

尾時，女主角的骨灰由橋上拋灑出去的一幕，已成銀
幕經典。而以骨灰種樹、植花，也有重獲新生的象徵
意義。不過要我自己決定，我還是會選擇海葬；對我
而言，這是「與天地合其德」的最佳歸宿。然而我的
生命情調比較偏向道家，天地之德在我看來理當接近
自然之道。人死便屬自然之道的體現，病痛卻不必然
是；我不怕死，但不喜歡受苦受難。至於後事只希望
一切從簡，例如參加聯合公奠、火化後拋灑入海等；
但是這麼一來，只怕身邊的殯葬業朋友沒有生意可作
了。

　　近年由於擔任臺北市政府殯葬諮詢委員，有機會
藉著評鑑到處看看，同時也認識了一些業界的朋友，
並且大致上瞭解北部都會區的行業生態。記得有一
日接到臺北市社會局的邀請函，請我到淡水漁人碼頭
參加海葬出航儀式。我對海葬有些好奇，本想專程赴
會，無奈當天有課去不成。晚上看見電視新聞報導，
說上午儀式臨時取消，下午改由家屬自行雇船出海拋
灑云云，不禁覺得納悶。後來一問才曉得，淡水港歸
臺北縣管轄，而當年北縣與北市由不同政黨執政，對
於海葬之事看法不同調，因此不同意北市官方在北縣
辦活動。但是骨灰入海已是既定行程，只好由家屬私
下成行。我對此事的看法是：環保自然葬既為中央立
法提倡的作法，地方不妨攜手合作共襄盛舉，如此方
能讓政府與人民互利共榮，殯葬管理始得永續發展。

人死如燈滅

　　有回新聞報導一位舞蹈藝術家羅曼菲英年早逝的消息，媒體肯定她是抗癌鬥士，我更欣賞她對殯葬改革的躬行實踐。她在生前指示不發訃文、不辦告別式，遺體在老家宜蘭火化後，將骨灰帶往習舞的紐約去樹葬，多麼豁達灑脫！這使我想起多年前有位罹癌女作家曹又方，毅然為自己舉辦「生前告別式」，並要求樹葬，引起社會一陣驚歎。她後來抗癌成功，至今仍健在。我覺得她若是願意站出來，成為殯葬改革的代言人，將會多麼有說服力！在這方面，臺北市長馬英九的尊翁馬鶴齡老先生簡樸的禮儀程序，原本也可以成為人們表率，但是到頭來仍花了兩萬元買骨灰罐、一萬元進入富德公墓的塔位，卻捨棄旁邊免費的樹葬專區不用，多少予人未能盡善盡美之感。不過媒體報導這些名人的另類喪葬作法，還是會對人們產生潛移默化效果的。

　　對照地看，臺灣首富郭台銘的愛妻也是英年去世，花三億購置的捷克城堡無緣享受，連在臺北近郊打造的紀念墓園，也因土地買賣糾紛，遭原地主築牆封路，可謂入土不安。此外如前任首富蔡萬霖離世

後，家族在北部海濱買了一座山頭造大墓厚葬，卻被政府以墓基過大罰款百萬以上。當然有錢人不怕罰，但這又是一樁殯葬生命教育的負面教材。身為多年來積極推廣殯葬改革的生命教育教師，我努力反身而誠，從自己的體驗出發，得到的結論就是「人死如燈滅」，再簡單明瞭不過了！記得有一回學生問我，死前最後一句話要說什麼？過去我會講：「我先走了，你們隨後來。」近年我仔細想，人死了走到那兒去？根本沒有去那兒的問題，而是一了百了，徹底消失無蹤。這點不免令人有些焦慮，但認真考量自己生前也是一樣無影無蹤，也就為之釋然了。

有些人會相信自己的存在有著必然的意義，我卻認定自己來到世上純屬偶然。因為年居九秩的老母每次都會告訴我，我前面有一個哥哥小產，所以她和父親才決定再接再厲生下我。我自忖，如果哥哥出生了，也就沒有人會叫他哥哥，而眼前這些白紙黑字也不會浮現，一切都不是現在這麼一回事。我自偶然中降臨人世，卻同時為我帶來創造意義的機會。像我從十五歲開始反思生命的意義和價值，到如今五十四歲仍未改初衷，始終認定「人死如燈滅」，但是只要活著就可以發光發熱。我覺得人生在世走一遭儘夠了，不必寄望後面怎樣，否則會徒增煩惱。基於此一信念，我主張負責任的作法即是殯葬自主。捐贈大體不失為剩餘價值的利用，利用完以後化作灰燼到處揮灑，不也是很痛快的事情嗎？

觀生死

移風易俗

　　我雖然對殯葬行業沒有成見，過去卻也不曾真正同他們打過交道。家母目前九十仍平安健在；家父十一年前去世享年八十有五，喪事則是在美國辦理。這番經驗讓我領略到，美國殯葬禮儀師的專業修養與效率；並留下深刻印象，且一直是我推動殯葬改革的理想和榜樣。十年前我創辦生死學研究所，有機會認識一位南部的大型業者老闆，此人觀念新穎，作風海派，有新點子不惜花大錢去嘗試。我們由於建立了產學建教合作關係，得以一道做許多事。開學分班進行教育訓練在職進修自不待言，他連續兩年在高雄舉辦殯葬服裝秀和辯論賽，誠可謂移風易俗的推陳出新之舉。由於我太太是服裝設計師，當業者朋友覺得時下辦喪事穿的壽衣太老套，打算推出新作法，要我推薦專家來策劃此事，我當即內舉不避親，讓內人出來一展所長。

　　剛開始太太對此還有些顧慮，後來引介給業者，大家所見略同，相談甚歡，乃願合作玉成美事，一場劃時代創新之舉的「福」裝秀於焉誕生。記得那年我開車載著太太，從嘉義前往臺南女子技術學院服裝

設計系拜訪；說明來意後，竟讓對方大吃一驚。畢竟跟殯葬業者合作辦服裝秀的構想，實在太新鮮、太刺激！後來系上勉強同意一試，經過連串徵稿比圖的過程，從學校高年級學生所構思的新型壽衣概念作品中，選拔出優秀之作，才開始從事真正的作品設計。幾個月下來，三組服裝出爐了，新的難題又接踵而至。原來南部地區很少辦服裝秀，專業模特兒經紀公司僅有一家，旗下的模特兒一聽要穿新型壽衣上臺走秀，首先必須克服心理障礙。

　　即使大部分模特兒經過疏通答應合作，人手還是不足；後來還是回頭商請服裝系的學生支援，才算順利躍上舞臺。這場「福」裝秀在一家大飯店隆重推出，吸引不少好奇市民上門參觀，場面非常熱鬧。當天各大電視臺多有報導此事，並謂這是殯葬業數百年來的重大變革。走秀結束後，登臺展示的概念性壽衣被陳列在門市部的櫥窗中，剛好隔壁就是婚紗禮服店。婚喪喜慶的創新造型並駕齊驅，無疑為殯葬改革踏出了一大步。我講這段往事的用意，是希望讀者朋友正視殯葬管理的意義與價值。人終不免一死，雖然死亡脫離不了哀傷，但卻用不著過度忌諱。打破對殯葬活動的偏見與成見，乃是生命教育責無旁貸的重要任務，這點需要我們大家共同來促成！

觀生死

善盡功德

　　老同事的岳父午夜時分病逝，小醫院沒有太平間，要求家屬必須在兩、三個鐘頭內，將遺體移往殯儀館；於是我在半夜三更接到緊急電話，希望能夠介紹一家殯葬業者，立即接手辦喪事。事不宜遲，我立即從一大堆名片中，找出一家二十四小時接受委託的大型業者，幫雙方做好聯繫，希望能趕得上時間。第二天上午，同事打電話向我致謝；並且說他和業者連夜移靈，忙到早上五點多，暫時告一段落，接下來才算正是開始料理後事。我常說殯葬業是一門民生必需的行業，因為他們「總有一天等到你」，相信人們都不可避免地會去照顧業者的生意。我過去從未有過直接跟這一行打交道的經驗，不過我對它可說毫無成見，也不感到畏懼，大概是我小時候曾經耳濡目染的緣故吧！

　　我自幼在臺北市生長，就讀的復興小學位於現在東區頂好商圈一帶。如今的黃金地段，四十年前則是一片荒煙蔓草；那時縱貫線鐵路從旁通過，跨過鐵路的復旦橋邊乃是一堆亂葬丘。學校沒有圍牆，我們上聯課活動時，最喜歡溜出去，在墳堆裏打仗，並且不

時去掀開一個個的骨骸罐，比比看誰的膽量大。這對我一點困難也沒有，因為我們家住在臺大後方臥龍街的山邊，門前便是市立公墓，對面開了一排墓碑店，整天都在敲打石頭。我小時候有機會在都市裏看見螢火蟲和鬼火，後者大概是一種獨特的經驗。我家位於城市的邊緣，平日顯得十分偏僻，唯一熱鬧的時機是清明節，掃墓的人絡繹不絕，從窗口看出去可謂盛況空前。最近我開車經過兒時舊地，沒想到老公寓猶存，而公墓裏的墳頭，卻已在政府令下清除一空了。

　　跟殯葬業者結緣，是十年前任教於生死學研究所的事。當時有業者在報上大登廣告，呼籲設立殯葬科系；我們覺得此事與生死學息息相關，乃打電話邀請業者到學校參加研討會，以集思廣益設立專業科系。十年過去了，設科之事已經初步成型，而殯葬業證照制度也得以逐漸推動，我因此認識許多大小業者。二〇〇六年十一月，在北京市舉辦了三天殯葬設備及用品博覽會，臺灣大約有上百人前往參觀，場面好不熱鬧！這幾年老朋友都知道我跟殯葬業者相識，沒想到真的有人半夜打電話來求助，讓我立即介紹業者去料理親人後事。有了這個經驗以後，我現在已經把這些業者的電話隨身攜帶，以備不時之需。為人提供及時的生死諮詢，不也是功德一件嗎？

觀死生

專業精神

　　我這個人好吃懶做，自律工夫甚差，多年前因貪杯而得到痛風，卻未能有效忌口。去年初感覺血壓不斷上升，但碰到年關將屆，魚肉水酒在所難免，心裏終不免嘀咕，開春之後第一個上班日，立刻到大醫院掛病號。主治醫師係這所醫院的退休院長，也曾經在我一度去兼課的醫學院擔任醫學系主任，是一位受人尊敬的名醫。有著些許因緣，很自然地同這位前輩聊了起來，當他聽說我講授過醫學倫理及護理倫理相關課程，微笑地點了一下頭；但不知是表示肯定，還是不以為然。面對資深的專業人士，我對自己過去撈過界，談論人家的專業倫理，多少有些心虛。但事後一想，大學教師再怎麼說也算得上另一種專業人士；加上身為病患，亦即醫療活動的消費者，關注並討論其中的倫理問題，大概也無可厚非吧！

　　兩天後我應邀赴臺中一所大學推廣中心去洽談開課事宜，對方有意開設寵物美容課程，找來寵物美容協會理事長交流溝通，並請我去發表意見。大伙兒交談了兩三個小時，讓我瞭解到這也是一門專業，臺灣直到近年才大幅起步，足足落後鄰國日本四分之一世

紀。由於該推廣中心興辦殯葬教育已有六年歷史，卻苦於政府遲遲未能落實專業認證，以致生源不斷衰退流失，只好尋求其他的專業培訓途徑。幾經交談，我們赫然發現殯葬服務跟寵物美容的專業處境，可謂天壤之別。原來政府早在十年前，便已將寵物美容列為考授技術士證的一項職類；雖然一直沒有舉辦考試，但是民間團體自行考試授證，早已行之有年。而殯葬服務追求專業化多年，仍舊一事無成；連民間自行辦理的認證，也得不到大眾支持。席間有人以美容帶來歡悅，殯葬卻屬凶禮解釋之；但我對殯葬人人用得到卻又排斥的矛盾現象，還是難以理解。

「專業」原指專門職業，理當不分貴賤，但是社會上大多數人卻不作此想，甚至連學術界當中都有差別心。記得十六年前我剛涉足研究護理學哲學，在文獻中發現不少討論護理是否稱得上是一門專業的文章，大多結論它只算是「半專業」。原來全世界一半護理人員的教育水平，都只有高職上下。後來又見有人指出，中小學教師也屬半專業；而大專以上教師，才算得上專業人士。這事頗有商榷餘地，因為中小學教師都得修習教育學分，並通過實習方能正式任教；大專以上教師卻只需取得碩士以上學位，便能榮登講壇。到底誰更配稱專業，的確很難講。不過話說回來，煮牛肉麵需要中餐烹調技術士證，寵物美容已做到國際認證，殯葬服務和作育英才同樣表現出術業有專攻，專業精神誰也不少，又怎麼能憑出身論高下呢？

觀生死

同行無冤

　　身為大學教師，參加學術研討會的機會很多，不免會跟同行抬抬槓，但是不太容易變成冤家。當然學術界也有派系路線之爭，但教師畢竟是獨立作業的專職，除非是身兼行政工作，跟別人產生利益衝突，否則每個人教自己的書，誰也不惹誰。所以在我的生活經驗裏，「同行是冤家」這句話，很少得到印證。直到有天我的一名學生病逝於醫院，他的殯葬業朋友熱心出面幫忙料理後事，卻被承包醫院太平間的業者擋在門外，只好靠邊站。後來這個殯葬業朋友，同時也是我的學生，跟我提及此一行業的叢林法則，令我大吃一驚。他曾在大園空難時，到現場去搶遺體，而與其他業者大打出手，並謂此乃兵家常事。我雖然聽說車禍現場有搶遺體的情形，但從學生口中說出，仍舊讓我覺得不可思議。

　　臺灣的殯葬亂象，使我回想起當年父親在美國去世後，在地的殯葬指導師以極為專業的能力，加上非常敬業的精神，為老父料理後事，帶給我們全家相當深刻的印象。家父晚年寄居在美西洛杉磯終老，當地華人甚多，加上同為信奉佛教的東南亞移民亦不在少

數，因此洋人殯葬業者甚至與佛光山西來寺合作，建造了一座納骨塔。而為了料理東方人的後事，業者還聘請幾位亞裔禮儀人員任職，為華人帶來不少方便。不過當年父親的後事，還是由洋人出面接洽。記得那是一名文質彬彬的年輕人，他邀請我們全家成員，在公司會客室長談了四個小時，只為確認殮殯葬程序中的各種需求。至於入土後，由於墓園像公園，所有墓碑都平躺在地面，遠遠望去一片綠地，完全沒有墳場的陰森景象。

　　基於這番與美國殯葬業者直接接觸的經驗，使我對西方人處理身後之事多了一層瞭解。父親的告別式是在園區教堂舉行，先前還有一段瞻仰遺容的時間；儀式完成後立即火化，並就近將骨灰罐下葬，真正做到殯葬一元化的境地。臺灣殯葬一元化做得較好的，大概是宜蘭縣的員山福園；那兒委請臺大城鄉與建築研究所的專家精心規劃打造，所以看上去的確不太一樣。臺灣地小人稠，不容易出現美國那種像公園般的大片殯葬專區；但是硬體設施無法與別人相比，軟體服務總有改革創新的空間吧！近年政府大力推動禮儀師證照制度，我身處其間恭逢其盛，很想盡力讓它順利完成；而我心中所想像的典型，正是那位年輕的美國殯葬指導師。不知道何時臺灣的業者，不需要為了爭奪遺體打架；而是用最親切的態度，為喪家提供無微不至的服務？

貳、生住異滅

自學方案

　　我走上生命教育這條道路雖然十分偶然，但是回想起來又不免覺得有些「命中註定」。我對「命理」的興趣不大，認識也很膚淺，有時卻也會隨俗地「迷信」一番。不過我的邏輯訓練告訴我，如果任何事情都是命中註定的話，那麼「算命」跟「不算」其實就沒有任何差別了。因為「註定」便意味不能更改；往壞處想，即是「劫數難逃」的意思，如此說來還是不算也罷！不過一般人「算命」的目的還是想「改運」，這表示先天不足之處，或許可以靠後天努力加以改善。因此我對「命理」的解讀，是認為它較接近「民俗心理諮商」；用時髦的話來講，多少有些「生命潛能開發」的作用。人們經過命理師稍微指點一番，也許就會朝自己認同的人生方向走，說不定從此變得海闊天空。

　　我很少去算命，但是個反省性很強的人，別人可能會隨俗方便行事，我卻會不斷追問「為什麼」；像為什麼要念熱門科系，為什麼要結婚生孩子等等。結果我為了追尋「人生的意義與價值」，而選擇進入最冷門的哲學系；也因為剛好遇見一個跟我一樣不願生小孩的女人，而選擇結婚。回頭想想，我大概十五歲以後，就開

始陷溺在人生問題的反思中；如今年過五十，竟然靠著
這種反思謀生糊口，成為哲學教授，講起生命教育來
了。當我在講臺上夸夸而談的時候，有些人拼命忙賺
錢，有些人馳騁在運動場，有些人沉迷於電玩，有些
人則遭到戰火蹂躪或忍受飢荒。先不說動植物的「生
命」，光是地球上六十七億生靈分分秒秒的際遇，是否
跟你我都屬於「同體大悲」呢？我不禁默然。

　　我很喜歡米蘭・昆德拉所講的「生命中不能承受之
輕」，人生僅此一遭，世事亦復如是，於是變得輕飄飄
地無足輕重。別人的命也許我們一時管不著，自己的命
雖非值錢不值錢的問題，但是有腦袋會想事情的人，總
會對自己的生命到底重不重要有所感觸。當年我在哲學
系課堂上，找不著自己想要的答案，便隨興走出一條自
學方案的途徑，開始邁上自己感興趣的知識大旅行，竟
然從哲學、心理學、生物學、生死學，一路走進教育學
門牆之內，中間還在管理學方面拐了個彎，近年更發展
出殯葬學。如今這些學問知識都成了我的生命教育實踐
方便法門。信手拈來揮灑一番。猛一反省，才發覺這一
系自學方案，正是我個人反身而誠的生命教育。內心的
探詢成為知識的求索。生命教育對我而言，正是年少輕
狂至今未絕的人生探問心路歷程吧！

觀生死

修行在個人

　　哥哥嫂嫂興沖沖地從美國打電話給我，說他們在僑居地參加了一種由臺灣傳過去的心靈成長團體活動，三天兩夜的修身養性，花了大把銀子，還是覺得不虛此行。他們勸我在臺灣一定要參加由這個機構所舉辦的活動，保證身心都會得到大幅成長。兄嫂平時忙於生意，得閒則外出旅遊，很少看見他們對「生命」修養之事如此熱衷。大概他們認為我這個念哲學的弟弟，更適合接觸這方面的事物，便充滿熱情地向我分享他們的體驗和喜悅。接到如此遙遠的召喚，我好奇地打開電腦，上網查詢他們所介紹的成長團體，居然發現許多曾經參加活動的人士所作的見證，幾乎一致認定獲益良多。這使我想起以前讀過一冊談論「禪七」心得的小書，靈修倘若果真如此有效，生命教育何不借力使力，順水推舟？

　　老實說，以我這種自了漢的作風，加上哲學懷疑性格，對於團體活動一向興趣缺缺。太過清明的自覺反省習性，使我面對被別人帶領從事的體驗活動，總會感到渾身不自在。我雖然當了二十三年大專教師，卻極少進行柔性輔導或情意體驗。「說理」為我所專，「抒情」則絕非我所長；好在我教的是大專學生，要是去教中小

學生就慘了。記得有一回我應邀到國中朝會上演講，三千學子坐在太陽底下聽我大談哲學義理，玄之又玄恐怕更是火上加油，苦不堪言。此後我對這種苦差事一概敬謝不敏。有一回有所國小的主任打電話來邀請我去演講，我第一句話就是問她：對象是老師還是學生、是用國語還是用閩南語講。如果不問清楚，去到現場一定賓主難歡。

託生命教育的福，過去十年我在北中南東各地，起碼做過百場以上演講，主要對象是進修教師和成年學生，反應還算差強人意。我喜歡滔滔不絕，別人以為我好為人師，其實我是害怕沉默。除非有人發問，否則我一定講個不停。口才變好了，人際關係卻始終疏離；我想這對自己的邊緣人性格，也不一定是壞事。反正我通過言詮說理，去提點聽眾反思，修行與否就看個人。近年我認為真正重要的，是對自己所進行的生命教育，包括經歷過一圈三十年的知識大旅行以後，我重新回到哲學園地，然後準備朝向本土文化去作另一回生命大探索。中華文化對我而言，意味著一種生命的學問。我靠古聖先賢的書本文字引進門，能夠修行幾分其實不重要。重要的是，我知道自己又要起步上路去尋幽訪勝了。

觀生死

話「情」

一九八八年我在很偶然的機緣中踏進銘傳商專任教，當時它還是一所純女校，有一萬一千多名學生。這是我正式擔任教職的起點，已結婚三年，年屆三十五，才開始為家庭事業打拼。有些人羨慕我到女校教書，可以欣賞漂亮女生；我承認每天看見一群十五到二十出頭的女娃兒，的確讓我的心情年輕不少。但是現實中最大的困擾，還是下課時找不到廁所可用。因為小女生仗著人多勢眾，早就攻陷了每一座稀有的男性空間，我必須等到她們上課就座後，方能步其後塵，匆匆如廁。這種有趣的教學生活只歷經兩年，銘傳便升格為男女合校的管理學院，一切逐漸恢復常態。我如今仍在同一所學校服務，走在相同的樓梯步道間，看見年輕人一朵朵帶著歡笑的臉龐上下其中，男生女生卿卿我我，不禁會勾起我念大學時的感情築夢與逐夢。

早年銘傳有一盛況，便是眾多男生在傍晚下課時，佇立於校門口守候，人皆戲曰「站衛兵」。這種日子我也待過，回想起大學時代在女生宿舍外等候女友的情景，不禁點滴在心頭。那個年代尚未見手機流行，聯繫起來甚不方便，於是和女友每天話別時，便約定次日相

見的時間地點，否則心裏便會覺得忐忑不安，彷彿一鬆手就像斷線風箏不知去向。三十年前的小兒女情愫，如今看來多少有些童騃，不過我相信這是人生必經的途徑。我在年輕時也會對身邊女孩感到心儀，尤其念的是陰盛陽衰的哲學系。印象裏有一回站在三樓教室門口，看著一名可愛的學妹走向校門，遙遠的身影已經消失在某棟大樓之後，我仍流連駐足觀望，似乎在期待她能夠奇蹟似地回頭返來。

愛情是什麼？對我而言，大概是對一個身影的無限嚮往與追逐吧。大四時交了個大一的學妹，愛情長跑五年半，到頭來竟然勞燕分飛，多少跟沒有及早結婚有點關係。兩個人從交會到平行線，然後漸行漸遠；故事在各地不斷上演，年輕人樂此不疲地到處尋尋覓覓。有人修成正果，有人自求多福，而地球仍一樣在打轉。二十多年過去了，有時我在講授「愛情學」課程時，用自己平淡平凡的故事去跟學生分享，居然也在他們回饋的心得中，彷彿看見自己年輕時的身影。如今高中生命教育有「性愛與婚姻倫理」一科，討論相關課題時，教師和學生都可能會面對不同的生命弔詭：你不確定將來會嫁或娶眼前的他或她，你也不曉得當年為什麼一定要嫁或娶眼前的他或她。這或許正屬於只發生一次的「生命中不能承受之輕」吧！

愛情你我他

　　我在大學中任教，長期靠講授通識課程為生；學生把通識課當營養學分來修，我只好不斷在其中添增心靈的養分，讓他們覺得不虛此行。印象裏有兩門課既叫好又叫座，曰「生死學」與「愛情學」。生死學的作業是寫遺囑，愛情學當然要寫情書啦！前者大家尚能有感而發，後者有時不免強人所難；畢竟不是沐浴在愛河中的男女才會選修此課，似乎有更多的人是抱著尋求指點迷津的心理而來。記得有一回開授愛情學，來了一對大四男女同學，每次上課都坐在前面跟我對話。原先以為是情侶，後來才曉得兩人為患難之交。他們過去並不熟悉，卻因先後失戀，而成為相濡以沫的好朋友，相約來選課。一學期下來，我從他們身上學到許多。看見他們滿意而去，我也覺得是功德一件。

　　愛情也許是人間最難參透的學問，我自不量力，膽敢開授愛情學，說穿了無非是打著這塊迷人招牌，吸引多一些學生來選課吧！但是招牌既然已經打出去，總不能言之無物，自毀名聲，於是我經常努力在想如何教好這門課。積多年之經驗，我發覺個案教學最討好，也就是在課堂上多講故事，大家聽得津津有味，教師和學

生雙方也就各取所需，皆大歡喜。不過最近這幾年，我感到跟學生漸漸出現代溝；原來新世代大學生的情場經驗及愛情觀，跟我們那個時代的年輕人比起來，可說是大異其趣。年輕時讀李敖、王尚義他們那一代的故事，發現那時候流行寫情書，而我們這代則流行打電話；我就曾經躲在被窩中，跟女友在電話裏聊了一整晚。如今呢？網路和手機明顯當道，彷彿結合了情書與電話，內容卻絕對推陳出新，令我們這些老朽望塵莫及。

理想的愛情乃是「你」與「我」之間的小天地，容不得另外一個「他」或「她」涉足，偏偏聽到的故事大多是剪不斷、理還亂的愛情你我她。最讓我印象深刻的故事發生在近二十年前，一個女孩子愛上了我的大學同學，但是老同學的心另有所屬；女孩苦戀一年，見男生不為所動，竟然切腹自殺。所幸傷勢較淺，未及要害，住院月餘後黯然離去。我曾代表老同學到醫院送花致意，回來後的結論為：她是一個偉大的靈魂，但走錯了方向。愛情故事很難講誰對誰錯，而且即使修成正果結為夫妻，也有失和的可能。有天在電視上看見中年人殺妻再跳樓，老年人殺妻再喝農藥的連續兩椿家庭慘劇，令人不禁對性愛與婚姻的結局，竟是如此不堪而深感疑惑。不知道生命教育如何看待這些層出不窮的「愛者欲其生，恨者欲其死」人間憾事？

觀生死

因果之間

　　記得讀哲學系時，學到一個概念叫做「因果律」，意思是講萬事萬物有果必有因；我們可以根據一件事情的結果去回溯它的原因，而這個原因又可能是另外一件事情的結果。如此不斷上溯，卻可能出現無限後退、無以為繼的窘境，於是哲學家想出「第一因」的說法。所謂「第一因」是指一個事物既是自己的原因，又是本身的結果。這種說法原本屬於古希臘人思辨的產物，後來竟巧妙地聯結上希伯萊人信仰的核心概念，亦即指向造物主上帝。西方基督宗教裏的上帝，是一位全知全能的造物主，世界上諸事萬物皆由其意志所創生，當然也包括人類在內。哲學家除了將「第一因」歸結為上帝以外，還嘗試去證實上帝真的存在，其中有一種方法稱為「本體論證」，是用上帝本身的屬性來證實自己的存在。

　　例如說上帝做任何事情都有其目的，祂不可能漫無目的地創造萬物；漫無目的做事就不像上帝，而當它是上帝時，做起事來就一定有目的。西方人對上帝深信不疑，當然也不會懷疑其目的。既然上帝做任何事都有其目的，為何人間還會有各式各樣的惡行出現呢？神學家

的解釋是上帝創造人類以後，賦與人們「自由意志」，希望大家據此虔敬上帝。無奈人類智慧不足以因應各種誘惑，終於背離上帝旨意開始為惡。但是如此一來，因為信仰而產生救贖便具有實質意義。時至今日，世間諸惡隨時發生，救贖也不斷形成。救贖原本有重生的意義，卻容易流於功利考量。這雖然是西方人的信仰，多少也反映在東方人的行為中，臺灣人的「嬰靈祭拜」便是一例。

嬰靈祭拜源於日本的「水子供養」，是對流產胎兒的亡靈超度行為，背景雖為佛教輪迴觀，但是不脫因果律的精神。年輕女孩墮胎後心理不安，覺得自己做了一件「殺生」的惡事，希望通過宗教儀式，化解身心罪孽，這是完全可以理解的事。同樣道理，西方人認為小生命是上帝的創造物，人類不應扮演上帝加以扼殺，於是我們發現，反墮胎團體大多具有強烈宗教背景。宗教信仰勸人為善，諸惡莫作，其訴求主要通過因果關係的解釋來落實。事實上因果律只是一種常識性的道德，淺顯易懂；不一定要涉及宗教信仰，便可以在生活裏加以實踐。像不想生養小孩，就進行限制生育；莫要隨興所至，種下因又不想收其果，弄得人間充滿怨尤，何苦來哉？

水子供養

　　第一次聽到「水子供養」的說法，是佛學專家萬金川教授告訴我的；他對日本文化甚有興趣，同時也很有研究。經過他的說明，原來水子供養類似於臺灣的嬰靈祭拜。所謂「水子」即指像水一樣流失的孩子，也就是因為自然或人工流產而夭折的小生命。日本每年有近兩百萬人墮胎，這些準媽媽多少會有些於心不安，於是到寺院廟宇裏去作功德，為小小亡靈祈福，希望他們早日投胎。臺灣的作法則是到廟裏打造金牌消災贖罪，目的同樣是安撫亡靈，並且安頓自己的心。「萬法唯心造」，水子供養或嬰靈祭拜的活動，是真有其事，還是心理作祟，佛教界自有說法。有意思的是，西方人把它當作人類學田野調查的豐富素材，甚至有英文學術論文及專書問世。

　　雖然在美國墮胎與反墮胎人士壁壘分明，但是自由與保守觀點的支持者，皆各有理論依據，並且為此爭辯不休。反觀我們的社會，墮胎依然，祭拜仍舊，就是沒有理性的論辯。相關議題在美國可以影響總統選情，在臺灣政界卻乏人問津；這是否可看成是，我們尚未發展出一套嚴謹的生命倫理論述與文化？有人說臺灣的民間

信仰，常停留在功利信仰的層次；環視現實，這話似乎不無道理。記得以前我在嘉義鄉下教書時，進城總會經過一條鄉間小道，路邊有座供奉「水流媽」的小廟。此廟平日大門深鎖，一週卻有兩個晚上香火鼎盛，車水馬龍，原來第二天香港六合彩要開獎，善男信女多半前來求取明牌。「水流媽」即女浮屍，鄉民怕其變為孤魂野鬼到處作怪，乃立祠祭之。

　　小祠堂日久演變成陰廟，常靠些旁門左道的名堂來吸納信徒，求明牌如此，拜嬰靈又何嘗不是？問題是不種因、不結果，與其墮胎後再來祭亡靈，為何不事先做好防範措施，非要傷身又殺生，既傷害母體又扼殺小生命？平心而論，我們的性教育的確做得不夠，老師不好意思談論它，學生卻拼命去做愛做的事，讓女孩的身心都受到折磨，而男孩有時卻一走了之。我有時不禁納悶，這那裏算得上是愛？人們不是常說「愛她就不要害她」嗎？小兒女的故事，有時候並非兩性平等的；女孩子表現得世故、開放，卻不免吃暗虧。留住男人的心，並不一定要靠身體去換取，除非兩個人講好遊戲規則——從事「安全的性」。讀者朋友同意我的看法嗎？

觀死生

活著

多年前有一部由臺灣人出資、大陸導演張藝謀拍的電影,得到法國坎城影展最佳影片及男主角大獎,片名叫做「活著」,帶給我很深的印象。故事是講一個富家子吃喝嫖賭無所不為,結果把家產敗光;在一貧如洗的情況下,剛好碰上共產黨進城,被視為無產階級,而免於清算鬥爭。在往後的日子裏,他又多次絕處逢生;一生彷彿都在被命運耍弄,但結果卻是他擺布了命運,因為到頭來他依然「活著」。所謂「塞翁失馬,焉知非福」,人生在得失之間浮沉,不到蓋棺時刻不能論定,這也正是生命最值得玩味之處。人必須活著,方能思考「我活著」這件事;一切的感受領悟,也都繫於生命的靈明自覺。因此身心健康地活著,的確是件有意義的好事。但是苟延殘喘地活著,恐怕就完全是另外一回事了。

我還記得以前認識一位老先生,孤家寡人一個,卻頗能自得其樂。可是深度近視的他,有天雨夜過馬路被汽車撞倒,多處骨折,康復後卻從此行動不便。我託人把他送入政府辦的養老院安頓,他在裏面前後住了十年,每次看見我過去探視,便拉著我的手,要求找醫生

為他安樂死。剛開始我以為他講的是心情低落時的情緒話，沒想到此話一講就是七、八年，弄得我都不忍心再去探望他。後來聽說他已離開人世，我心中竟產生一股莫名的輕鬆感。我至今仍舊懷念這位幽默風趣的老先生；但是當他無法用幽默的心態，面對自己的困境時，我也不能一笑置之。然而我真的不知道該為他做些什麼。老先生的遭遇，讓我對「活著」這件事，產生了比較嚴肅的想法。

　　既然別人的生命我無能為力，至少對自己的性命，我必須盡可能有所掌握。「預立指示」是在醫療方面的未雨綢繆措施，不過當一個人長期活在身不由己、力不從心的情況下，他對生命的認知，恐怕需要更具有說服力的理由來支撐。主張安樂死的人，經常強調「生命品質」的重要；如此說來，身體不便的人，都不能算是擁有較佳的生命品質，為什麼有些人卻堅強地活下去？答案也許在心中的一念之間吧！安樂死合法化的問題，為生命倫理學帶來無數的論辯和爭議，學者專家們振振有詞地紙上談兵，你來我往，好不熱鬧！作為一名哲學學者，我強烈地感受到這個問題絕非事不關己，而是生死攸關。學者專家和專業人員在處理安樂死的議題時，最恰當的作法是反思自己的態度。其實每個人都應該試著去想像，假如換了自己身歷其境，究竟會做如何處置？

觀生死

死於安樂

　　頭一回接觸到安樂死的情境，是在我念初中的時候。鄰家一位寡居老婦養的狗兒生重病，請我幫她抱著狗上獸醫院求診，不料小狗已經病入膏肓，無藥可救，而且顯得痛苦不堪。醫師建議讓牠安樂死，以免活著受罪。老婦頓時痛哭失聲，折騰了好一陣，後來看見狗兒真的不行了，只好勉為其難地答應，而且一再囑咐醫師要妥善處理遺體，將來好在天國再相見。在回家的路途上，我不知道如何安慰這位鄰居；但是我相信人和動物，是有可能產生深厚的感情。因為我也曾經為了自己養的狗走失，而難受上好幾天；後來我才知道，這種心情叫做「失落」。同樣的畫面也曾出現在電影「布拉格的春天」中，男女主角養的狗兒得了癌症，男主人是醫生，在太太同意下，為她作伴多年的小狗作一了斷。

　　這部文藝電影是由暢銷小說《生命中不能承受之輕》改編的，故事用了幾個相對性概念，反覆探討人的存在抉擇，比如輕與重、靈與肉等等。人生只發生一次，任何大事到頭來都顯得無足輕重，有些人便因此逃避責任。至於人終不免一死，正是因為我們都擁有身體這個臭皮囊，否則就真的會變成不生不滅了。既然死亡

無法避免，肉體又會衰敗，那麼追求一種不讓身體受到折磨摧殘的好死，自然是許多人心之所嚮。安樂死的呼聲在世界各地不斷傳出，相信正與這種死亡焦慮有關。一般而言，安樂死是指由合格醫師應當事人要求，主動積極為其進行促成提前死亡的作為。問題是安樂死只要用在依然活著的人身上，事實上就構成他殺。這對狗兒也許適用，對人就不免望而卻步了。

反對安樂死的人士，援引一種稱作「滑坡論證」的說法，認為安樂死一旦合法化，會造成惡例一開，日後出現各種以合法掩飾非法的弊端。即使不作此推論者，也擔心如此一來，人類生命的神聖性會被徹底侵犯，所以大聲疾呼不得開例。而贊成者則以人道關懷為訴求，主張沒有人應該忍受惡質生命的折磨。正反雙方爭執不下，目前主張生命神聖的論者，雖然佔了上風；但是通過安樂死合法化的國家，也有所增加。平心而論，生死抉擇不是「人類」的事情，而是「個人」的問題；不是「別人」的看法，而是「自己」的決定。父母沒有徵詢過我們的意見，就把我們生下來；難道我們離開人世，也需要別人同意嗎？我其實並不贊成在考慮其他可能性之前，便貿然施行安樂死；但是我希望在這個容許多元觀點的時代與社會中，強調人們應當認真思考「死亡權利」的意義與價值。

自決

　　「醫助自殺」聽起來不免令人感到矛盾和不可思議：醫師不是救人的專業，怎麼還會幫助別人自殺？再說自殺不是自我了斷，怎麼還需要別人協助？後來才搞清楚，這原來是一個翻譯的辭彙；照字面的意思，的確是指「醫師協助病人自殺」。這是因為病人罹患不治之症，已到生命末期，被疾病折磨得苦不堪言、痛不欲生，亟思迅速作一了斷。而當病人連自盡的力氣都沒有時，只好靠醫師來助一臂之力了。此事多少會讓人大吃一驚，但是它至少在美國的一個州已經合法化。我個人的看法是：法律備而不用，也非壞事。「醫助自殺」可當作是「安寧緩和醫療」以外的另一種選擇；因為有些人或許覺得，早死晚死都是死，倒不如早點結束生命，以免令家人掛心。這種想法實在無可厚非。

　　爭議來自「自然死」與「人為死」是否能夠等量齊觀。「自然死」是指人該死了就讓他死，不要拖延時日，造成無謂的痛苦。「人為死」其實也有同樣的用意，只是時候未到，卻提早令它發生；許多人對此都期期不以為然，宗教團體更斥之為殺生。問題就出在這可能並非殺人，而是自殺；自我了斷在此並不一定是壞

事。例如有一冊叫做《美好人生的摯愛與告別》的書，描寫一位一百零三歲的老先生，覺得人生活夠了，便絕食自殺，週遭的人也都向他祝福告別。倘若一個五十三歲的人做同樣的事，大家恐怕就要責怪他了。難道自殺還有年齡之分嗎？我覺得討論自殺問題，首先不應該泛道德化；何況醫助自殺處理的，還是末期臨終病人的痛苦與困難，需要用更為人道關懷的態度，設身處地去尋求解決之道。

　　生活在二十一世紀的人們，既然把民主與自由當作普世價值來追求，就必須瞭解其背後的真正動力。我認為這種動力乃是「自覺」，也就是「自我覺察」的能力。從「自我覺察」出發，去認真思考本身的處境，在其中慎重作出「自我抉擇」，以達成適當的「自我決定」方案。倘若一個人不具備或者放棄這種「自我覺察」的能力，凡事跟著感覺走，或是讓原始本能凌駕一切，則會處處受限，終於「自絕生路」。而若不知回頭是岸，任憑外力或命運擺布，則不啻「自掘墳墓」。在不是沒有選擇餘地而是經常無可適從的情況下，我們更要學會從「自覺」的「自抉」到「自決」的工夫，以避免因缺乏「自覺」而陷入「自絕」終至「自掘」的悲劇。像醫療上的生死決策，亦當作如是觀。

自卑與超越

　　十五歲考上高中後，結交了一夥三人死黨，喜歡逛書店、讀雜書。臺北市的牯嶺街是我們的最愛，早年那是一條滿布舊書攤的藝文街道，名導演楊德昌還曾以它做題材，拍了一部得獎電影「牯嶺街少年殺人事件」。現在回想起來，我們這群三人組，真是不折不扣的「牯嶺街少年」，下課後便在那兒流連忘返。三、四十年前，臺灣正流行存在主義思潮；年輕人浸淫虛無、咀嚼苦悶、追求晦澀、嚮往存在，在「存在先於本質」的口號話頭下，視一切莫不充滿荒謬。那時候我們崇拜沙特、卡繆、貝克特，言必稱齊克果、叔本華、尼采，同時囫圇吞棗嚥下一堆道家、禪宗、心理分析的零碎概念，用來印證自身存在的無意義。我從來沒有想到過，這種擺盪的心情，真的會引領我們走向無意義的生活。

　　我們三個愛讀雜書的好友，對學業書本的態度卻南轅北轍。我認為讀教科書無益於人生，所以得混且混，功課一塌糊塗；畢業時是全班倒數第二名，雖然沒留級，卻註定考不上大學，只能流落到補習班準備重考。另一位較年長的同學比我用功，卻考運不濟，被拒於大學之門外；因為年歲稍長，役期已屆，來不及重考，便

去當兵了。偏偏三個人之中有人考上臺大，予另外兩人沉重的一擊。我算是比較散漫的，考不上就準備重考，沒什麼大不了。當兵的同學卻不作此想，總覺得自己很丟人。他是長子，爸爸為醫學院教授，當兵時留著小平頭，休假回來不好意思見人；只跟我這補習班高四生約在新公園見面，然後沒頭沒尾地發一陣牢騷，頭上始終帶著一頂便帽。

　　平心而論，我的同學兵當得十分涼快，在部隊門口站衛兵，一天值勤六小時，其他啥事都不用管。壞就壞在他在軍中空閒時間太多，多到沒事兒盡胡思亂想。有一回他休假來找我，兩人在公園各灌下一瓶烏梅酒，這老兄竟趴在我肩頭上痛哭流涕，弄得我不知如何是好。十天後他就在部隊附近撞火車自殺了，更嚇得我好幾天魂不守舍，坐立不安。事後我和讀臺大的同學到他家去上香，看見熟悉的公車月票上大頭照高掛靈堂，場景荒謬得令我忍不住想發笑。出門前他父親拿著一些老友的遺物給我，其中有一冊他從我書架上取走的書——心理學家阿德勒寫的《自卑與超越》。我翻開一看，講自卑那幾章被他劃得密密麻麻的，旁邊還作了許多註腳眉批；而論超越的部分卻乾乾淨淨，隻字未讀。我突然領悟到同學離開我們的原因了。

寂寞的十七歲

　　白先勇早年有一篇短篇小說〈寂寞的十七歲〉，又名〈那晚的月光〉，寫得相當動人，還翻譯成外文流傳海外。大意是講一名專科女生跟大學生談戀愛，在浪漫的月光中發生關係，未婚懷孕，奉兒女之命成婚，年輕的生命從此開始背負起家庭的重擔。故事充滿著淡淡的美麗與哀愁，彷彿就是我們大部分人的生活寫照。我還依稀記得自己十七歲時正在讀高二，處於「年少不識愁滋味，為賦新詞強說愁」的慘綠少年階段，每天唫咬著一些存在主義晦澀的話語，感嘆人生不知何去何從。有時還在校刊上塗抹些用虛無意念堆砌起來的文字，就這麼跌跌撞撞走完了寂寞的十七歲。它的唯一後遺症，是我因此執意要考心理系或哲學系；後來果然進入哲學系，一生面臨存在抉擇至今。

　　並不是每個人的十七歲都能夠順利度過，從念哲學到教生死學，總讓我想起兩個十七歲即遭遇不堪的年輕生命：王曉民與廖曼君。王曉民於一九六三年九月因為遭逢車禍昏迷不醒，成為植物人至今四十四年，已經打破長期存活的世界記錄。當時她是中山女中高二資優生，同時還擔任學校儀隊隊長；但是一場意外車禍，卻

讓她的後半生完全改觀。王曉民的個案，曾經在臺灣激起一陣討論安樂死的風氣；她的父母甚至向總統上書求情，但終歸無效。如今父母已逝，曉民從十七歲躺到六十一歲，都到了可以作祖母的年齡；帶給人們的印象，卻仍停留在高二的不幸遭遇。另外一個年輕的生命，則在十七歲猝然而止，那便是臺中女中高二資優生廖曼君。

廖曼君於一九九八年九月的一個清晨，從五樓住家躍身喪命，有家室的男友也在同一天跳河殉情。我們只知道她愛上了不該愛的人，但是小女生卻認為大人們的世界太複雜，於是她留下遺書走了。廖曼君事件發生的時候，剛好碰上臺灣省政府開始大力推動生命教育，一時蔚為新聞重點，留給世人的則是無限哀嘆。廖曼君在不該告別的年紀，寫完遺書然後離去；王曉民則完全未留下隻字片語，便從此不言不語。兩人的青春年華已隨風消逝，卻為我們捎來兩點啟示：生命教育應該加入女性主義的素材，讓女人在命運面前挺立而非臣服；預立指示應該納入生命教育向全民傳播，最好是從青少年身上著手以未雨綢繆。畢竟從十七歲到七十歲，還有很長的路要走；大家都希望看見的是，每一個年輕的生命不斷上揚而非殞落。就讓我們共同攜手推動生命教育吧！

寫遺囑

　　有一回我在臺北護理學院生死教育與輔導研究所講課，提到寫生前預囑及身後遺囑的事，一名研究生告訴我，學校過去曾發生老師請學生寫遺囑當作業，被家長瞧見而大動肝火，找上門來理論之事。我聽到此事為之沉思良久，一方面為之納悶，一方面也深感遺憾。女兒學護理，本來就要看盡人間生老病死之事；怎麼連寫下遺囑，都不見容於父母呢？我們的社會上有太多這種思想保守卻又過度保護子女的父母，使得年輕人的心智遭受無形損傷，真是愛之適以害之的例證。我很慶幸自己沒有碰上如此不通人情的家長。教了多年生死學，我也經常請學生寫下遺囑，希望他們藉機檢視一下自己目前的人生樣態。有的同學不把它當一回事，草草數語了事；有的同學則慎重其事，鉅細靡遺交代後事，告別親人，還簽名蓋章以示負責，令我讀了也不禁感佩。

　　由於大部分學生對此都很認真，為了鼓勵同學，我允諾將他們精心撰寫的遺囑妥善保存至畢業，同時祝福大家最好不要派上用場。有天我在報紙上讀到兩名我所任教學校的學生，騎乘機車在山路上遭汽車追撞跌落山溝，造成一死一重傷的慘劇。遇難學生的名字似曾相

識，好像曾修過生死學課程，頓時讓我嚇出一身冷汗，心想不要真的把遺書拿出來兌現，那就太令人鼻酸了。好在事後發現她並非我的學生，這雖然令我鬆了一口氣，卻又不免覺得悵然。因為假如我手上握有她的遺言，就真的可以為她做點事，以告慰家人和親友了。當然另一方面，這樣做也必須考量家屬的感受，以免弄巧成拙。經常請學生寫遺囑，我自己到底寫了沒有？答案是沒有。

我雖然沒有白紙黑字留下記錄，卻多次公開宣示以交代自己的後事，諸如不辦後事、遺體燒成灰灑向大海、書送給學校、其餘財產留給太太等。至於預立指示主要在為醫院而非當事人著想的性質，我雖然覺得仍有待商榷，也大致同意；因為我一向主張生命的真諦在精不在多，苟延殘喘不符合我的做人原則。我年過半百，回想一生平順走來，未曾遭逢橫逆，頗感知足常樂，並心生感激。目前我除了自訂一些教學、研究、寫作計畫外，真的想花點心思寫下第一份遺囑，並且恢復寫日記的習慣，至少也要經常寫札記。我曾經從十九歲到三十二歲一天不漏地連續寫了十三年日記，成家後卻為之中斷。在多年的外爍之後，我想是到了該內斂的時候。古人說「反身而誠，無向外馳求之誤」，正是我如今的生命寫照。

視死如生

　　我對死亡和殯葬相關事物的接觸，是在一個很特別的時空條件中發生的。大約是小學高年級到初中階段，我家搬到臺北市臥龍街一幢三層樓小公寓上面，開門見山，而且清清楚楚看見一塊石碑，刻著「臺北市第七公墓」幾個大字。石碑旁邊散布著幾座磚房，工人從早到晚在刻墓碑，我聽到對面一開工，就知道該起床上學了。夏日間看見螢火蟲到處飛舞，但也可能是鬼火粼粼。最熱鬧的日子還是清明時節，車水馬龍盛況空前，保證在其他地方見不著。平日此地人車少有經過，只見業者不時在路上鋪起幾張草蓆，將人體骨骸清洗後擺在陽光下曝曬，再小心翼翼放進大型骨灰罐收存另葬。後來我才知道這就是所謂的「撿骨」，人骨由棺中取出另行處理安放，之前我還以為空空的墓穴是遭人盜竊呢！

　　這便是我在四十多年前所接受的「生命教育」，墓地和枯骨幾乎是我每日所見所及，倒也相安無事。近年拜推動生命教育之賜，使我有機會擔任臺北市殯葬評鑑委員，幾番走訪舊居附近，發現老公寓猶在，而當地已蔚為一片熱鬧的殯葬業專區了。生命教育教導人們愛生惜福，而其中談生論死的部分，更希望大家都能夠了生

脫死。我聽說西方國家有關這方面的活動稱作「死亡教育」，直指死亡，一點也不避諱。墳墓、棺材和骨骸固然代表死亡，但真正的遺體或許更接近實況。偏偏我們的社會將任何遺體均予高度隔離，以至難以得見，更不用說作為生命教育的材料了。直到前幾年臺灣舉辦「人體奧秘展」，幾十具塑化的真人遺體放在展覽館公開展示，引來觀眾大排長龍購票入場，裏面還有鋼琴演奏助興，不啻為一場成功的商展。

　　人體當做標本公開展示，讓人品頭論足，到底是教育還是買賣，我也說不上來。倒是有一回跟隨自己所教的護理學生去上大體解剖課，看見解說的助教稱呼捐贈大體的人為老師，我才算稍微瞭解「視死如生」的真義。我很欣賞安寧療護資深教授趙可式講過的一段故事，她說在成大護理系任教時，有天學校發生女子墜樓事件，亡者死不瞑目，彷彿有無限委屈。趙老師得知情況，便帶著兩名護生去進行遺體護理。她們在等待相驗人員到達前，坐在遺體旁邊輕聲細語地加以安慰，過了一陣只見女孩閉上眼睛，面部也露出安祥表情，才算告一段落。我有一位出身護理，後來從事遺體美容工作的碩士生，也是用這種善體人意的方式為亡者服務。在我看來，殯葬人員可以跟護理人員學習效法的地方很多，「視死如生」或許是其中最重要的態度。

死生有命

　　有天晚上看見電視中在訪問一對異國夫妻，而且是老夫少妻，兩人一道開店製作豆腐。記者問及兩人婚後相處情形，已經能夠用流利國語表達的越南配偶笑著說道：「一切都是緣分嘛！」坐在一旁吃著炸豆腐的先生也靦腆地表示：「沒有緣分她早就回家去了。」原來越南新娘嫁過來的時候，不會煮飯作菜；家人擔心先生不接納她，便叫她一旦不適應就趕緊回家來。好在年輕女孩有心嫁雞隨雞，加上肯學，就這麼一道一道菜學了三年，如今兩人已成為生活加事業的共同體，彼此終身廝守。當太太把炸好的豆腐端上餐桌時，先生說了一段發人深省的話：「我每天都吃自己作的豆腐，這樣才知道作得好不好。」畢竟這是太太親手炸的，而太太的辛苦努力，才使得這段情緣長長久久。

　　印象裏看韓劇不時發現婆媳相處與孝道的劇情，再聽說許多人願意娶越南新娘，是因為她們較守婦道；後來仔細一想，原來韓國和越南都是深受中華文化儒家思想影響的國家，所以在生活習性上，讓我們有似曾相識之感。真正有意思的是觀念的融通，東南亞各國多信佛教，而佛教正是講緣起緣滅、聚散無常的。人生若是

一切隨緣，則長久的人際關係便難以建立；此時儒家所看重的名分，就可以適時發生作用。「緣分」其實可以拆成「緣」與「分」兩件事來看；「緣」指「偶然的緣會」，「分」指「必然的名分」。人際關係的建立皆屬偶然，連父母與子女的關係也不例外；然而一旦建立即得以靠名分固定住，再由彼此用心加以維繫。我們跟家人親友的關係，都是各式各樣的緣分；而個人的生滅消長，則歸於命運。死生有命，在生命終點之前，藉由緣分所建立的關係，還是可以發揮關愛之情的。

　　「緣分」與「命運」是華人社會最常被拿來解釋人生種種遭遇的觀點，倘若大家能夠把這兩個觀點分別拆開來看，無形中便多為我們帶來了一些選擇餘地。一如「緣」指「緣會」，「分」指「名分」；「命」反映的是「命定」，而「運」則可以體現出「運氣」。命中註定的事情當然不能改，而可以改的部分，就表示我們在「運作」自己生命裏的「氣勢」。由此觀之，「緣」與「命」似乎由不得人們作主，但是「分」與「運」卻正是可以大有作為之處。人之將死也許是命，用科學的說法，即是由基因決定；但是對臨終者的關懷，卻是周遭與之結緣的人們，可以多所發揮的地方。像殯葬業者因為生意而與客戶結緣，當他們走到生命盡頭時，則嘗試以朋友的關係接近當事人，為其提供無微不至的關心與照顧。你我都是有情眾生，在死生有命的情況下，推己及人去關愛別人，不是等於「同體大悲」的實踐嗎？

感同身受

　　我家後面有一片大公園，前幾年搬來一座國立圖書館，號稱是臺灣最大的公共圖書館。這兩年暑假期間，我成天在家寫作，並且固定於黃昏時，到公園散步一大圈，半途還鑽進圖書館去吹吹冷氣。有一天我從後門出來時，看見旁邊貼了一張懸賞啓事，原來是有一名女生在館內作研究，離開書桌去查資料時，桌上的筆記型電腦便不翼而飛。女生十分焦急，願意破費一萬元索回電腦，尤其是其中儲存的重要檔案，這正是她未完成的學位論文。這種焦急我可以感同身受，因為我也寫過論文，心血結晶一旦流失，其失落感可想而知。走在回家的路上，在巷口里民布告板上，又看見另一樁懸賞啓事，有人願意出三千元找回他失去的愛鳥。相片中看似伶俐的黃色鳥兒，不知為何一去不復返？

　　有人找電腦，有人尋失鳥，到底孰輕孰重？我認為無法一概而論。我不曾養鳥，因此難以體會尋鳥人的失落心情。只記得有一回因為拆冷氣去保養，卻赫然發現冷氣支架上方空隙處住了一窩麻雀；也許是環境起了變化，母鳥不敢歸巢，幾隻雛鳥硬生生地餓死。在收拾殘局時，我不禁有幾分失落和愧疚之感。但是眼前的情況

下，我比較容易同情丟失電腦的人，因為心中總是隱隱的產生論文不見了的焦慮。不過仔細想想，電腦掉了可以再買，論文不見了可以重寫，但是心愛的鳥兒飛走或是死亡，卻難以換回同一隻。我的小姨子曾經養過一隻巴哥犬，三年來形影不離，幾乎相依為命。有天愛犬走失，她的失魂落魄令人吃驚。家人為安撫她，買了隻同型小狗送上，沒想到她的反應竟為：「這不是原來的那一隻！」

這便是悲傷輔導必須正視的問題：失去的生命永遠是獨一無二、無以倫比的。電腦、論文沒有生命，只對某些人有特定用處，失去了會著急、遺憾，卻不易產生悲傷情緒，更無需進行哀悼。然而鳥兒和小狗卻屬於有情眾生，對主人而言就像家人一般親切，走丟後所帶來的悲傷與失落實在難以名狀；而至親的去世，無疑有過之而無不及。誰無父母，誰無子女？人生在世，由悲歡離合所形成的喜怒哀樂不斷出現，我們必須學會自我調適，並且推己及人，協助別人安度難關。我一向主張：為因應小孩出生，要落實「親職教育」；為面對親人去世，要接受「送終教育」。而各種助人專業的從業人員，更要培養人溺己溺、感同身受的敏銳知情意行，亦即一般常聽說的「同理心」。為了善盡職守，殯葬人員為人料理後事，絕不能置身事外；這也是禮儀師之所以為「師」的真義。

失犬記

　　我是一個喜歡小動物甚於喜歡小孩的人；我不生養小孩，雖然有哲學上的存在性理由，但與現實生活中怕吵、怕煩、怕黏的個性不無關係。我從小不善與人親近，卻鍾愛養小動物，尤其是貓狗之屬。記得曾經養過一隻雜種狗，單單在我們家就待了九年，後來因為搬家而送人，結果又活了五年，堪稱狗瑞而無憾。狗兒在七歲那年走失近一個月，我竟然難過得吃不下飯；每天下課後，便在大街小巷尋找愛犬。後來牠竟然奇蹟似地又出現了，帶給我生命中最大一次歡愉。除了狗之外我還養過貓，只是遭遇悲慘，從此不敢再養。記得我是在路邊撿回一隻半大不小的貓，帶回家餵吃餵喝，牠也就賴著不走了。沒想到有一天牠出去玩耍，竟被野狗咬得肚破腸流、奄奄一息；我蹲在地上看著牠斷氣，完全不知如何是好，從此我便只欣賞貓而不再養貓。

　　我的小姨子也是愛狗一族，她的執著似乎較我尤甚。前幾年她養了一隻巴哥犬，三年朝夕相處，感情非常深厚。後來也是小狗一衝出門即未見回返，害得她六神無主得到處尋找，只是這回狗兒終究沒再出現，她也如喪至親般悲傷到了谷底。為了讓她早日走出陰霾，親

友們決定湊錢幫她買一隻小巴哥回來養，沒想到小狗送到她手上竟然拒收，原因是這一隻不是原來的那一隻。天啊！狗有什麼差別，不是都長得一模一樣嗎？不過我後來終於想通，狗子也有佛性，也是有情眾生之一；而每個生命體都是獨一無二、無與倫比的存在樣態，難怪小姨子要表現出差等之愛。後來她還是接受了小狗，前後養了五年，卻因病去世，這回她是下定決心不再養狗了。

　　悲傷來自何方？來自於不捨。但是信佛的人不是常勸我們要捨得、有捨才有得嗎？看來捨得似乎可以止住悲傷，然而世間男女有幾人能真正放下、捨得呢？不種因、不結果的道理大家都懂，問題就在於人性原本就傾向拿不起、放不下，人間才會宗充滿各種喜、怒、哀、樂的情緒反應，以及貪、嗔、癡、慢、疑的各種執著。試想人人都能參透事理玄機，大家都已臻於不生不滅的境地，我們還需要問「人為什麼活著」這樣的傻問題嗎？難怪心理學家要強調，悲傷是正常的情緒反應；並且勸人們不妨想開點，化悲傷為力量，勇敢地走下去。人非聖賢，我們只是剩下來的平庸之輩；而人雖具佛性，畢竟並非佛陀。看來我們還是要背負著喜怒哀樂，去面對一切顛倒夢想。

酒肉與生死

　　我之所以偶然走上生死學的道路，多少是因為交了一位忘年的「酒肉」朋友──傅偉勳教授。足足大我二十歲的傅教授，人稱「生死學之父」，因為罹患癌症而寫了一部生死學著作，不料因禍得福，成為暢銷書作家，博得不少文名。自從他的大作《死亡的尊嚴與生命的尊嚴》於一九九三年中在臺灣出版後，至一九九六年十月他在美國去世為止，三年間傅教授多次來臺演講訪問；而我大概在這之前的四、五年，即已與之結識。一九八八年我拿博士學位前後，一直在東吳哲學系兼課；當時的系主任趙玲玲教授，與人稱「傅老」的傅教授是舊識，多年來皆照例為其接風送行，把酒言歡。在我成為座上客不久，即因同傅老一道大碗喝酒、大塊吃肉，而逐漸熟悉起來。傅老是位不醉不歸型的海派人物，能夠坐上「生死學之父」的寶座，絕非浪得虛名。

　　傅老的生死學如果只是止於紙上談兵，久之便無甚新鮮之處。結果是他在生命晚期碰上一位貴人，也就是同樣喜歡大碗喝酒、大塊吃肉的龔鵬程校長。他們合作的因緣有許多傳言，但真正成果則是促成生死學研究所的設立。可惜傅老早走了一步，未及親眼看見他夢想

的研究所掛牌成立。而龔校長的貴人則是佛光山開山宗長星雲法師，他讓龔校長連續創辦了南華和佛光兩所學院，且同意令其揮灑自如，不能不說是一位有容乃大的出家人。我曾有幸在南華服務三年半，在我眼中的龔校長，雖然為佛教團體興辦大學，但他的作風卻更接近道教，葷素不忌。當年在南華管理學院鼎盛時代，還有一位擔任副校長的哲學學者袁保新教授、一位精研佛學的佛教研究所所長萬金川教授，以及文采奕奕的文學研究所所長李正治教授，所見盡是學問擲地有聲的「酒肉」朋友。

這些佛教大學裏的風流人物，相當接近我所說的「知識分子生活家」。雖然多年後大伙兒各奔西東，但是那些年學校裏「人文薈萃」的豐盛景象，恐怕為臺灣各大學所僅見。雖然有些佛門弟子和信徒，看見一群文人在學校裏藉酒肉論生死，難免感到突兀。但是這一切因緣，莫不是託傅老和龔校長之福，才得以和合的。緣起緣滅，世事無常，酒肉中論生死，不也正是要悟得個中道理嗎？離開南華也有多年光景，我常回想起那幾年在這個偏僻鄉間小學校，所受到的人文精神薰習，也許是我這一生最可貴的生命教育體驗。理由無他，豁達與開放而已。學者常被要求謹言慎行，而學校可以辦到一邊大碗喝酒、大塊吃肉，一邊弦歌不絕、學風不墜，倒也真是千古絕唱了。

臭皮囊與白骨觀

有年暑假我開了一門「生死學研究」的課，給碩士專班的在職教師選修。每週兩天、連續六週的密集上課，令這群原本在講臺上生龍活虎的老師們，一下子感到坐不住，紛紛要求每週至少安排一個下午進行校外教學，讓生死學能夠學理與體驗兼顧。我認為這個要求很合理，於是大家又提出具體的參觀場所，包括宗教博物館、十三行博物館、安寧病房、殯儀館等等；而第一回行程，則挑了離學校最近的科學教育館，看「人體奧妙」展覽。沒想到平日下午居然門庭若市，大家排著隊買不算便宜的門票，就是衝著真正人體所製作的解剖標本而來，而展覽也果真令人大開眼界。不過參觀這種赤裸裸的展示，未作好心理準備，恐怕會適應不良；同行的老師中，也的確有人感到噁心或拉肚子。

暑假裏學生觀眾甚多，看見一群美少女站在一尊尊被解剖得支離破碎的男體面前指指點點，我突然覺得這是一場拿人類臭皮囊賣錢的身體秀。剛好手邊有一份當天報紙，登載著南部也打算辦一個類似的人體展來打對臺，新聞末尾引述生死學者尉遲淦的評論。他表示，南北都推出人體展，讓一般民眾看到原本是醫學生才會

接觸的標本，其實是種噱頭；但商業競爭既然無法擋，應調整參觀者的心態，從瞭解自己的身體、對生命意義的啟發，以及對死者的尊重著手，而不是光想練膽量而已。誠然，在這個否定死亡的年代中，觀看屬於禁忌的真人遺體，適足以發人深省。但整個場地人擠人，既無詳細解說，又無指導手冊；反倒是在大小標本切片圍繞中，夏日午後的輕音樂鋼琴現場演奏，讓人覺得十分突兀。這份情調，竟然使我把眼前瓶瓶罐罐泡在藥水中的胚胎和胎兒，跟宴會上雞尾酒的泡沫聯想在一道。

　　十幾年前我在臺北護專兼課，曾隨著一群男女護生去國防醫學院參觀大體解剖，從大卸八塊及開腸剖肚的解剖室中走出來吃午飯，居然還是有人大膽地點了一道「五更腸旺」。福馬林浸泡的人體確實是臭皮囊，但是在助教的指引下，大家低頭不語地仔細觀察記錄，這才是真正的科學教育，也帶有一份佛教式白骨觀、觀無常的人文教育附加價值。身為生死學教師和生命教育推動者，我建議醫學院和醫院，盡可能提供真正具有教育意義的人體展示；配合深入淺出的相關資訊，讓社會大眾得以隨時瞭解自己肉身的奧秘，而不必花錢排隊走馬看花一陣。不過這回參觀倒也不是完全沒有收穫；至少看見一塊肥端端的脂肪肝，擺在櫥櫃中供人觀賞，使我這個曾經嗜酒貪杯的中年男子，也不禁要摸摸腹部暗自反省一番。

倫理與科學

　　我對倫理道德的看法，同對宗教信仰的看法一樣，認為它們都屬於極其個人的事情，壓根兒就沒什麼好談的。宗教講究信奉，道德要求遵守，搬到檯面上來大談特談，不知是何道理。人們常說兩件事少談為妙：曰政治，曰宗教。立場相同者，自然湊在一塊兒；立場不同者，既走不在一道，更可能不歡而散。如今「不可說」之事，似乎又多了一項；討論倫理道德，雖然不至反目相待，卻很可能各說各話。二十世紀最了不起的哲學家之一維根斯坦即認為，倫理學命題說不出個所以然來，因此無甚意義；它們企圖在語言中超越語言、超越世界，註定要徒勞無功。但這並不表示倫理道德不重要；相反地，它們極為重要，但卻不能說，只能被顯示出來。維根斯坦的意思是：這些事情相當神祕，只能做不能說。

　　生命教育要給中學生講授倫理學，對我這個念哲學的人而言，可謂半喜半憂。喜的是哲學總算擁有了廣大的市場，我雖然沒資格教中學生，卻有資格教中學老師；憂的則是害怕被維根斯坦說中，上了講臺言不由衷，盡說些連自己都不相信的空話。專研哲學至今

三十四年，我一向喜歡「講清楚、說明白」的哲學問題，所以走上科學哲學的道路，希望通過對科學的反思與批判，增進我對宇宙與人生的瞭解。長期以來，我一直認為自然科學和社會科學探究的，便是宇宙與人生的問題；倘若我能對科學的說法有所把握，豈不就解答了我所關注的哲學問題嗎？西方的科學的確是從哲學裏脫穎而出的一系列精密學問，如果連科學都搞不清楚的問題，想靠哲學來解決，恐怕只會是緣木求魚。

科學之所以成功分化為一門門的學科，靠的便是「劃地自限，自圓其說」的工夫。科學家講求小題大作，問題可以鑽研得很深入，卻陷入見樹不見林之境。尤其是每一門科學，都有屬於自己的術語行話，旁人聽起來更覺得隔行如隔山。記得有回我參加了一個國家型整合性科技研究計畫，負責考察基因研究的倫理議題，應邀至中研院和科學家們對話，結果是雞同鴨講，彼此都認為對方不知所云。這次經驗帶給我深刻的教訓，深感要討論跨學科的倫理問題，討論者本身的通識教育是很重要的因素。科學語言固然難懂，科普讀物及課程卻可以深入淺出地事半功倍。倫理學與其自說自話，不如去尋求跟科技對話。一九八〇年代有位美國哲學家寫了篇論文，題目就叫〈醫學如何挽救倫理學的命脈〉。從傳統倫理學轉向應用倫理學，學著去跟科學交朋友，或許才是倫理學的出困之路。

倫理 道德

　　報上登載一則新聞，講大陸觀光客在海外受到歧視的事情，讀來不勝唏噓。文章指出，大陸城市居民近年生活條件大有改善，已形成數量相當龐大的中產階級；再加上近年政府開放境外觀光旅遊，乃見中國遊客遍布全球，為各國帶來不少外匯收入。但是如今卻有越來越多的國家，對中國旅客給予差別待遇，原因是這些旅客不懂潔身自好，缺乏公德心，非常惹人嫌，只好作特別處置。大陸旅遊團在外有三大毛病：大聲喧嘩、貪小便宜、不守秩序。這讓我回想起二、三十年前臺灣剛開放觀光時，我們的遊客也是這副模樣。不過這幾年情況似乎好多了，像飛機落地後，還有人會指正大陸客，令其待完全停妥再起身取行李。說大陸落後臺灣二十年，這話或許不假，也代表臺灣人的驕傲。

　　但是這種驕傲，在一個颱風假的下午被吹得煙消雲散。我發現我們在許多方面還是很像大陸人；或許可以說，在沒有公德心方面，我們都是中國人吧！那是一個撿到的颱風假，雨大風不大，或許覺得有些無聊，家人於是相約去逛大賣場，而且一連逛了兩座。到那兒一瞧，才發覺臺北的無聊人口真不少，害我每個地方都得

花上十五到二十分鐘停車，然後跟隨一輛推車，混在人堆中「血拼」去也。過去我從不選擇假日上大賣場，就是害怕人擠人、車碰車；這回既來之則安之，一路東張西望看熱鬧。後來太太說要買水果，我們就進入一座冷藏庫房，看見嚮往已久的美國大水蜜桃。只見有名婦人站在貨架中間東挑西撿，我還以為是服務人員在幫客人打理，待旁邊竄出一個女孩叫聲媽，才知道那名婦人也是顧客。我的媽呀！站在貨堆中大剌剌地撿又大又好吃的水果，而架上高懸「請勿挑選」幾個大字，真是既諷刺又誇張！

　　這就是我們的公德心！此外賣場中試吃攤位總是排著長龍，有人來回吃上幾回也不嫌累；還有隨意地把推車停在走道中間等等，都說明了今日華人絕非「富而好禮」的民族。學生時代學了許多倫理道德教訓，頭一個就是「禮義廉恥」；而禮正是守禮節，包括公德心在內。結果呢？人一多就亂成一團；好像只有搭捷運不會亂，因為一亂便上不了車。其實生活要講倫理道德，專業更需要倫理道德。學者辛辛苦苦想出一些應用倫理學的道德和原則，希望社會大眾和專業人員遵守，目的則是希望維繫人間的規矩節度。想像一下作生意只有叢林法則，而沒有遊戲規則，那是多麼可怕的事情！而消費者的權益，又如何獲得保障與改善？「己所不欲，勿施於人」，孔老夫子的至理名言，還是值得我們深思熟慮、身體力行的。

法理情意

　　三十多年前我還是大學生的時候，有回放年假時打算到中部去探望女友；買不到對號票，只好去擠普通車。那時候搭車就像今日大陸的情形，大家爭先恐後地拉住車門搶著上車，誰也不排隊。說也奇怪，我看見一對夫婦帶著一名男孩，悠哉地站在月臺上等車進站，還以為他們守規矩不跟別人搶；沒想到車一停妥，父親即抱起兒子，將他從車窗中塞入，然後再慢慢地上車。後來我看見有乘客在責罵小孩佔位子，父親還兇狠地與別人爭吵。當年一般列車沒有空調，窗子是可以上下開關的，這名父親叫孩子爬窗進入佔位也就算了，沒想到小孩是用躺著佔位，一次佔三個，難怪要挨罵，別說這又是父親教出來的。佔位算不算犯法？好像只能算沒有公德心。倘若他只佔一個位子呢？別人也許就不會說話，這或許就是當年的公共道德。

　　公德是針對損人利己的行為而論，如果不損人呢？有回我應邀去臺北福華飯店開會用餐，把機車停在人行道上靠牆邊，出來後發現車上插了一張逕行告發單，十天後收到掛號寄來的紅單和相片，只好到超商繳交六百元外加手續費了事。事後回想起來，那片人行道十分寬

廣,停車也不會礙到任何人;但是至少有十幾臺機車跟我有同樣遭遇,理由無他,大家都觸犯了法條,必須受罰結案。法律不見得反映公德,卻是政府在執行公權力。以殯葬活動為例,住在都會區的人大概都有過一種經驗,那便是碰到人家在街道上搭棚辦喪事。基於死者為大的想法,許多人只好將就算了;問題是有些喪事一辦就是七七四十九天,首尾幾天還從早到晚吹吹打打,任誰也吃不消。過去無法可管,只好靠喪家發揮公德心;如今依法僅能搭棚兩天,違反者則處罰三萬元以上。

　　華人相信「情理法」,人情優先,講理其次,不得已才訴諸法律。打完官司回家還要吃豬腳麵線壓驚去霉,不像洋人動不動就法庭上見。往好處想,重人情是華人特色,不過通常我們只對「自己人」講人情,這種差別待遇便會造成不公平的現象,而法律則是維繫公平正義的象徵和利器。社會進步和人民幸福固然少不了人情的自然流露,但是絕對需要法律來保障大眾的權益。過去殯葬業最為人們所詬病之處,即在於為所欲為,加上無法可管,小老百姓只好任憑宰割。如今法規已經齊備,但是我們更想推廣「為所應為」的觀念,希望業者能夠遵守公德、自我約束。進步的社會要靠大家來維繫,「法理情意」缺一不可。「意」是指落實「為所應為」的意志力;什麼該做,什麼不該做,自己分辨清楚,就不勞政府動用法律來執行公權力了。

禮者理也

　　《論語‧八佾篇》有一段小故事：「子貢欲去告朔之餼羊。子曰：『賜也！爾愛其羊，我愛其禮。』」子貢不忍作為犧牲的羊隻，孔子卻堅持禮數不可少。同一篇中還有一段話：「祭如在，祭神如神在。子曰：『吾不與祭，如不祭。』」對於祭祀的事情，孔子希望自己務必參與。在此我們一方面看見孔子對於禮儀形式的擇善固執，但是這些作法的背後，是有一定的想法在支撐，也就是禮之理。《禮記‧仲尼燕居篇》提到：「子曰：『禮也者，理也。樂也者，節也。君子無理不動，無節不作。』」此處指出禮樂之中都有一定的道理和節度，不能隨意為之。禮樂甚至整個儒家思想的背後，有其根本的一貫之道，也就是「忠恕」，亦即「己所不欲，勿施於人」。

　　依邏輯推論，「己所不欲，勿施於人」就等於「施於人者，為己所欲」；這種推己及人的核心價值，正是儒家所推崇的仁。仁表現為愛人和孝道，是可以回溯至祖宗先人的，祖先崇拜即由此而來。這種古老的人道精神傳衍到臺灣來，竟產生燒冥錢、紮紙房、電子花車一類流俗，居然也名之為孝道的表現，不禁令人啼笑皆

非。有趣的是，曾經有一位道教協會的理事接受記者訪問，表示燒紙錢沒有意義；他更強調，各地燒的紙錢不一樣，臺北燒的臺中不能用，還是不燒的好。事實上，其他華人社會，目前皆鮮見燒東西拜神祭祖事鬼之舉，只有臺灣仍廣為流行。而坊間更流行的一句話，乃是以燒信用卡取代燒紙錢，讓陰間的好兄弟盡情消費。聽說市面上剪掉不用的廢卡多達四十萬張，看來好像真有燒燬的必要。

在臺灣長大的孩子，逢年過節照例都要燒香祭祖一番。臺北市曾經發生腳尾飯事件，其實過年時節，那家不是把供臺上祭祖的飲食，拿來當年夜飯享用；甚至有人去掃墓後把祭品帶回家吃，還不是祭活人的五臟廟。不過令我真正有所感觸的，是有一回在美國洛杉磯的墓園為父親掃墓，看見不遠處有一家洋人在親人墓前席地而坐，靜靜地野餐。外國墓園像公園，墓碑平鋪於地，遠遠望去只見一片大草皮，上面散列著紀念的花朵，而野餐則是一家團聚的時刻，這種作法的確值得我們效法學習。聽說當地墓園中的教堂，還有人租用來舉辦婚禮，而且保證好停車。臺灣曾有禮儀人員在墓地結婚，也有到裏面辦音樂會的創舉，希望這不只是社會新聞而已，而是面對死亡事物的心靈改革之契機。

觀生死

素質與氣質

　　年輕時聽說讀書可以變化氣質，但是我讀了大半輩子的書，同時還以教書為業，卻怎麼也看不出自己有什麼出色的氣質。我曾在校園中被人視為送瓦斯的，甚至走進教室授課被誤認是無聊男子，這多少跟我的不拘小節、不修邊幅作風有關。年過半百的我，當老師近二十五年，老毛病想改也改不了，只好就這麼繼續過著沒有氣質的日子。倒是近年發現教育可以提升素質，讓我有意持續地通過自我教育，以激發生命裏潛藏的素質。在我看來，氣質形之於外，素質深藏於內，二者不可同日而語。只要用心，氣質也能夠培養；然而再怎樣努力，素質卻難以塑造。如此說來，素質教育不是白費工夫嗎？倒也未必，因為素質有許多種，它構成每個人的稟賦和潛能。有人精於這個，有人在行那個，大家各盡所能，社會方能表現出多元化和多樣性。

　　大陸上實施的大學「文化素質教育」，跟我們的「通識教育」意思差不多，也是在一大堆各式各樣的科目中，湊足一定學分修完了事。在臺灣，念哲學系拿到博士學位的人，如果找不到本行系所的職位，大多就到學院或專科學校去教通識課程，我的教師生涯也是這麼

起家的。二十幾年下來，教通識課對我而言早已駕輕就熟，無需多作準備。尤其是「生死學」一科，我已連續講授十二年，其中還包括兩回空中大學的隔空教學。我不確定通識課是否能夠讓學生變化氣質，但是相信肯來選這科的人，多少具有關心自己和別人的素質，否則不會浪費時間聽我海闊天空地談生論死。老實說，我會走上生死教育的道路，肯定跟我那過度自覺的心理素質有關。記得從懂事開始，我就對性愛與生死兩件事產生焦慮；中年以後對性愛逐漸看淡，卻益發關注於生死。

生死在我看來乃是一體之兩面、一線之兩端，人活著就必須學會面對死亡，難怪哲學家要形容人生是「朝向死亡的存有」。我從事生死教育最大的收穫，其實是自我教育；講課和寫書讓我不斷去建構自己的生死觀，久之居然發現我在五十歲時的心境轉換，竟是回到十五歲的初衷裏面去。回想當年我初次接觸哲學，就被道家和存在主義思想所吸引，乃下定決心報考哲學系；後來經歷三十多年的知識大旅行，終究又歸返當初的起點，只是心境大不同矣！存在主義教我慎重作出存在抉擇，而我則選擇道家自然無為的生命情調。年過半百之後，我益發堅持走自己的路，這不能不說是個人素質在起作用。我有意用這種人生觀去落實自己的人死觀，亦即反映在殯葬活動上。懂得「慎終」不需要太多氣質，但非常需要豁達的素質，我希望推己及人去發現這樣的素質。

理論
與實踐

　　參與推動生命教育至今已有九年光陰，回首過去，放眼未來，我自忖可以做的事情，乃是理論反思與知識建構的工作；至於實踐方面，將僅限於正式課程的講授、推展理念的演講，以及指導研究生撰寫論文等；其他社團性活動，則盡量減少，以至完全不涉足。多年積極投入，使我逐漸認清，自己沒有那種團隊合作的熱誠和宗教奉獻的情操，只有一份擇善固執、閉門造車的生命情調和學問理想。我相信這跟自己年輕時執著於念哲學系，有著直接的關聯和呼應：哲學重在反思批判，可以反身而誠，自由發揮，不假外求；最重要一點，它讓我擁有獨善其身的能力。尤其當上教授以後，讓我得以不為升等折腰，大可洋洋灑灑走自己的路，開創始終十分嚮往的「人生哲學」盛景。

　　我承認自己並非學術中人，長期從事學術研究的目的，並非追求真理，而是為己所用。我沒有窮究六經的興趣，但是歡迎六經為我註腳。說穿了，哲學實踐不過是在為我的人生存在找理由，因此我最欣賞的哲學家便是叔本華；他雖然被批評為「最偉大的二流哲學家」，以示其生活不健全、人格不統整，但這也正是他吸引人

之處：成為另類，發人所未發。我當然沒有他那麼偉大，但是身處邊緣、成為另類，使我找到自己。我懷疑自己有完美主義傾向，而當我看見大學同學中，為追求完美到寫出一首詩立刻焚燒掉的奇才，如今卻已成為「甘為孺子牛」的快樂爸爸，不由使我確信自己真的跟別人不一樣。我認為生命教育的目的，正是使每一個人認識到自己的無與倫比，並且尊重其他人也都是獨一無二的個體。

　　二○○四年夏天我剛完成一本部生命教育專書的寫作，當時正好出現幾則新聞：十二億的彩券高額獎金吸引全民下注，副總統卻警告若發生戰爭一切均化為烏有；阿妹北京開唱風波傳回臺灣，副總統又說藝人並非小孩不能不懂政治；中日足球比賽大陸吃敗仗，北京市民反日情緒高漲在街頭抗議鬧事等等，令我不禁擲筆興嘆。心想自己花了半個暑假，寫就十二萬字討論生命教育的書，卻不知如何拿書中道理，去處理這些生命中無時無刻不存在的政治張力，更不用提教導學生怎樣在濁世中安身立命。不過我還是肯定自己在臺灣生命教育的理論與實踐兩方面都可以有所貢獻；因為當我深深感受到，官方主流論述所散發出那股全盤西化與去脈絡化的中產階級溫情主義意識型態，我就知道自己在這方面仍舊大有可為了。

觀生死

生也有涯 知也無涯

我是一個在孤單環境裏成長的孩子,與我相伴的只有狗和書。記得我從小就愛蒐集三樣東西:郵票、泡泡糖畫片,還有就是書。對郵票和畫片的喜愛,上了高中就變得淡薄了,但是二者現今仍保存在我身邊。高中以後沉迷於書本的程度卻有增無減,結果成為真正的「牯嶺街少年」,下了課便流連忘返於大小舊書攤或一般書店,甚至連週末假日都樂此不疲。我的讀書歷程分為幾個階段:小學到初中對漫畫故事書著迷,也愛讀些有注音符號的古典小說譯本;高中嗜讀長短篇文藝小說,同時開始涉獵哲學作品;大學念哲學系,發現學校圖書館是一大寶庫,便一頭栽進知識的瀚海中;浮游至今三十多年,很自然地成為教書匠,從不斷買書、藏書,進而動筆寫書。

人各有志,太太對衣物和藝術品的喜好,使她選擇念服裝設計並成為收藏家;而她在家中坐擁青花罐,也跟我的坐擁書城一樣壯觀。結褵二十多年,我們外出旅遊已大致形成一種逛街模式,無論是洛杉磯或香港的購物中心,還是上海的步行街,兩人到定點後各自散去、各取所需,再準時集合,保證皆大歡喜、滿載而歸。這

一套當然不適用於年輕情侶或新婚夫婦。書讀多了，自然會油生一股寫書的衝動；無奈我天生缺乏寫文藝作品的慧根，只能望文興嘆。不過爬格子寫稿的機會倒從未曾間斷。退伍後在雜誌社當了三年周刊記者，少說也寫了百萬字；進博士班到如今二十三年，報告、論文、專書一篇篇、一冊冊地刊行，但是最讓我覺得驚喜的，卻是信手拈來書寫、意外結集出書的散文集《心靈會客室》。

這原是人情邀約所寫的報紙專欄，因為老同事高雷娜負責編輯佛光山《人間福報》婦女版，請我寫專欄，結果一連寫了十個月。文章後來被慈濟文化志業中心收錄結集為善書，廣為印行傳播，相信已經結下不少文字緣。為延續這份因緣，其後我寫的每一部書，都盡可能納入同名的專欄文章。長時期以教學研究為業，成天同書本知識為伍，倒也甘之如飴、知足常樂。的確，過去曾有研究與發表的壓力及焦慮，後來升上教授，再拿出莊子「生也有涯，知也無涯」的話頭做藉口，果然釋懷不少。今後我仍將買書、讀書、寫書，但不全然圍繞著知性的目的，同樣也要照顧生命的情意面。念哲學、教哲學三十餘載，「愛好智慧」的結果，是印證了古聖先賢的一些慧見，像「有為有守、適可而止」、「執中道而行，無過與不及」等等，願與讀者朋友分享。

參、生生不息

觀生死

存在先於本質

　　孔子說：「吾十有五，而志於學。」印象裏我大概也是十五歲上高一那年，開始對於學問的事物有些感受。正確時間是一九六八年，大陸還在進行翻天覆地的文化大革命，法國的學生運動拖垮一個政府，捷克出現短暫的「布拉格之春」，美國年輕人則在反戰風潮中選擇當嬉皮；臺灣呢？殷海光藉著邏輯實證論大談「沒有顏色的思想」，反傳統的李敖對「老年人與棒子」的問題緊咬不放，王尚義則傷感地遙望「野鴿子的黃昏」。這些對於一個每天生活在高中灰暗城堡內的苦悶心靈，的確有著莫大的吸引力。我便是在這種氛圍中，開展終身「自學方案」，一路從「年少不識愁滋味，為賦新詞強說愁」的十五歲，走到「不以物喜、不以己悲」的五十歲。我們那個時代流行存在主義，喜歡把沙特的名言「存在先於本質」掛在嘴邊，並且高喊著要選擇做自己。但是要做什麼樣的自己呢？沒有人清楚。

　　現在回想起來，身為住在海峽這邊的華人，慘綠少年的歲月，還可以幸運地蹉跎度日。如果生在對岸，恐怕不是當紅衛兵去搖旗吶喊，就是下放勞改去

受苦受難。這幾年在大陸上訪問交流，遇到跟我同年齡層的學者，幾乎無一例外都吃過苦頭；有些人談到傷心處，還不禁老淚縱橫。他們難道年輕時，沒想到要選擇做自己嗎？選擇做自己的確很辛苦，也相當不容易。它令我在高中階段花掉五年時間，才算找到自己的路，足足比別人多摸索了兩年！老實說，大學念哲學系，多少是我的「存在抉擇」。我壓根兒沒有思及前途，只是一心想為自己的苦悶找出路。然而一旦進入哲學系，才發現學院中講授的義理，跟自己的生命情調仍有一段距離，於是嘗試展開知識大旅行，不斷博覽群籍。

大學宮牆內豐富的知識寶庫和課外活動，讓我這個哲學邊緣人受益匪淺。「由你玩四年」的時光，我穿梭在課堂、圖書館與社團之間，優游自得。如今回想起來，可說是一生中最為自由自在的黃金歲月。我選擇念哲學，自認做了生命裏最重要的存在抉擇；當時以及後來，似乎都沒有考慮出路問題。退伍後到娛樂傳播界做了三年事，在風花雪月的演藝圈中，驚覺看見一片鏡花水月；於是忙回頭，想再抓住些什麼。這回哲學選擇了我。重返學校當博士生，就多少註定此後要當教書匠，而且得靠哲學混飯吃！想到一般人認為靠哲學吃飯的行業乃是算命先生，自忖連這點本事都沒有，又何以示人？結果呢？二十多年過去了，追求存在的年輕學子，成為講臺上推銷存在的中年教師。這段生路歷程，究竟有沒一絲本質性的意義，我不知道。

觀生死

人生哲學從業員

　　有兩則冷笑話，對念哲學的人極盡諷刺之能事。第一則說，有人問：「什麼是哲學？」答案為：「在一間伸手不見五指的黑屋子裏面找尋一隻不存在的黑貓。」進一步問：「誰是哲學家？」答案則為：「在那間黑屋子尋找黑貓，明明什麼都沒有找到，卻在裏面大聲嚷嚷『我找到了！』的那個人。」另一則說，有個窮小子到遊樂場去討生活，在獸籠內扮演猩猩取悅遊客，後來發現走進來一隻老虎，嚇得想奪門而出，對方卻叫他不要聲張，否則兩個人的飯碗都不保。下工後兩人打了照面，才曉得彼此都是念哲學的，沒有一技之長，只好扮演野獸混口飯吃。我念哲學三十四年，目前從事推廣黑貓白貓會抓耗子才是好貓實用思想的「應用哲學」工作。但是不瞞大家說，二十六年前我以哲學碩士身分退伍，找到的第一份工作，的確是在電視臺的兒童節目中，扮演逗笑的小丑人物——圓桌武士。

　　站上大學講臺從事教職至今二十三年，為了謀生糊口，我教過各式各樣的科目，有四門課會被問到一些典型問題。像上哲學課有人問：「會不會算命？」

愛情學則是：「性與愛那個在先？」生死學為：「有沒有靈魂？」殯葬學則直截了當問我：「是不是業者？」我既不會算命也非殯葬業者，倒是對性愛與生死議題長期保持關注。還記得剛開始推動生死取向的生命教育時，即碰上一椿喧騰社會的畸戀殉情事件。我驚於愛情竟有如此大的殺傷力，乃用心提倡女性主義與存在主義；希望年輕人擁有性別意識，並從事存在抉擇。近來我逐漸把上述四門課統整在一道，以人生哲學課題視之。人生哲學探究人的一生之種種，但此「人」並非抽象概念，而是具體的我、你、他；因此上課不應當講大道理，而最好是說小故事。

　　我在大學教書，是人們心目中的「學者專家」，但我自認不夠格當學者，對被戲稱為「哲學家」更感到非常不自在。我勉強算一個「哲學教育工作者」，卻喜歡以「人生哲學從業員」自況。三十多年來，我始終選擇位居邊緣、甘為另類。人家常說念哲學的人會變怪，我則認為本來就怪的人才會去念哲學。我從來就不曾「正常」過，而且自覺地避免走上「正常人」的道路；因為一旦陷入抽象的「正常」概念，我就不會成為真正的我了。生命教育在我看來，正是去教導每一個人深思熟慮地學會做自己。這裏面蘊涵著一種「知己」的工夫，我從十五歲便開始尋找自己，大半生涉足哲學，回首卻不過是一些雪泥鴻爪而已。原本不足為外人道也的議論理當藏拙，但是想想還是說了許多，就當是讓別人追尋自我的墊腳石吧！

自我生命教育

分合之間

　　我嚮往「詩意的」哲學境界，卻走上「科學的」哲學途徑，仔細想來，應該跟本身的人格特質有關。我念哲學的目的，多少是想「醫療」自己對人生的迷惑，以及伴隨而來的一大堆疑難雜症。而從小一個人孤單成長的歷程，或許就此「制約」住我，讓我養成凡事不求人、自己找答案的習慣。尤有甚者，成為哲學中人以後，我非但希望「無求於人」，更情願「不為人所求」。這種隔閡心理，使得我不斷與他人劃清界限，結果也變得劃地自限。詩情畫意的人生境界，有可能跟別人剪不斷、理還亂；而科學式冷冰冰的知行途徑，卻得以做一個自了漢。我不想跟人有太多瓜葛，自然選擇走上後者的道路。我自認是一個充滿矛盾的人，生活中經常含糊矇混、得過且過，觀念上卻要求一絲不苟、十全十美。

　　將科學的分析態度用在哲學思考上，滿足了我在想法上追求完美，卻不願意動手改善現狀的矛盾個性。回想過去三十多年的學思歷程，我對經驗科學始終抱持若即若離的態度。大學讀人文類科的哲學系，同時選擇修自然科學的生物系做輔系；後來又因為工

作需要，而去念社會科學方面的企業管理研究所。如此因緣際會，對人類知識三大領域，多少都有所涉獵。如今行過半百，終於還是決定回到哲學的懷抱。三十年前我選擇了哲學，三十年後哲學選擇了我，想來不禁相信這一切都是「命」。我對「命運」的看法，是將其分別對待：「命」屬先天條件，「運」為後天努力。人必須「知命」，但不可「認命」；至於「運氣」，則指不斷運作個人的氣勢之所趨。

對我而言，如今反省所見，不得不承認念哲學的確是我的命。本身的人格特質，讓自己走上哲學之路，更選擇鑽研「科學的」哲學，嘗試對週遭事物加以分判辨明。這種追求「分析」的動機，在經歷三十年的人生洗鍊後，竟然奇妙地朝向「綜合」偏移。從「科學的」哲學探索沉澱出「詩意的」哲學心境，是我這幾年講授「教育哲學」課程的最大收穫。教育活動是一種社會實踐，教師必須不斷與學生接觸，循循善誘，助其自我實現。我念哲學的原意是逃離人群，卻不料走上教學之路，站上講臺終日面對人群。從事教職二十餘年，無意間逐漸在「治療」我對人際關係的顛倒夢想，終於癒合了我的疏離感。回顧過去半生，終日沉浮於觀念與現實的分合之間，不禁對哲學有所感念。

愛智之學

　　一九七三年我投考大學，執意只填三種科系：哲學系、教育心理系、戲劇系，結果考上哲學系，在學校裏參加戲劇社團，也曾短暫出國念過心理學。讀哲學系時聽說哲學是「愛智之學」，是愛好智慧的學問，心中頗覺受用，卻對所學無甚助益。我嚮往的是具體可行的生活智慧，而哲學的抽象討論和咬文嚼字，卻始終讓我難以適應，甚至打算改行念心理學。好在後來獨自摸索出一條哲學道路來，開始傳授、書寫所謂「應用哲學」課題，總算感到有點「愛好智慧」的味道。不知是誰流傳的冷笑話，形容哲學思考是在一間伸手不見五指的黑屋子，找尋一隻不存在的黑貓；而哲學家則是在裏面什麼都沒找到，卻大喊找到黑貓的那個人。我對此所下的註腳共十六字：「子虛烏有，空穴來風；玄之又玄，不知所云。」既指這個冷笑話，也指更冰冷的哲學。

　　哲學有時候的確冰冷得令人無法參與。記得許多年前有一回，我懷抱著極大期望，前往一所著名大學參加主題為「中國人的生死觀」學術研討會，想窺探莊子生死觀的奧秘；結果卻被學者們的哲學論辯澆

了一頭冷水，心想莊子再生，也會自嘆不如。尤有甚者，如果身為思想家及作家的莊子，今世來念哲學，恐怕什麼學位都拿不到。如此說來，難道哲學家都是一群缺乏熱情的冷峻學者嗎？倒也未必。聽說長得一副不可侵犯容貌的哲學家叔本華和尼采，其實都是充滿熱情的智者，只因為他們使用哲學語言來包裝生命智慧，令人誤認為高不可攀。所以我建議大家可嘗試分辨兩種哲學：「為哲學的哲學」，以及「為生活的哲學」；前者是哲學家的語言遊戲，後者才是人世間的生活智慧。

教育哲學作為一種貼近生活的哲學，其實跟你我的成長經驗息息相關。畢竟生長在臺灣，人人都受過教育。教育成為我們生活的一部分；而一旦身為學生或老師，教育幾乎更等於生活的全部。既然它與我們如此關聯，對其進行哲學反省，就不應該是空中樓閣式的思想或語言遊戲，而是人生智慧的觀照與生活藝術的提倡。所以我很樂於推薦林語堂先生的經典名作《生活的藝術》給大家閱讀。這本書原來打算取名為《抒情哲學》，它其實是一冊很生動的情意教育讀物，可以在知識教育之外，為我們開創一方廣闊的心靈空間。由於近年教育學術不斷向科學靠攏，我很希望教育哲學能夠為教育探究帶來幾許人文關懷。也因為如此，我嘗試提倡一種另類的教育哲學，讓「愛好智慧」成為教育的主調。

慕道與行道

　　十五歲起開始形成自己的想法，並且逐漸凝聚出一片模糊的人生理念，察覺到生命裏那些是重要、那些又是不重要的事情。我不知道別人怎麼想，自己當時的確是很迫切希望瞭解生命的意義與價值。信不信由你，我上高中以後，就懵懵懂懂地想走哲學的道路，甚至已經有點嚮往考哲學系，這多少是受到當年流行的道家、禪家和存在主義一系思想影響。但我長期以來，卻始終未感受到儒家義理的親切，這或許是生命情調的不相應吧！從十五歲走到五十多歲，終究成了哲學中人，並以此為業。但我走著走著竟步向冷門的科學哲學道路上去，而且鑽進僻靜的小巷裏，獨自踽踽前行，終日浸淫在一冊冊、一篇篇的英文文獻中，如此數十載，幾乎無人可與之對話。

　　我的碩士論文、博士論文，以及教授升等論文，所處理的都是最新的科學哲學議題，逼得我不斷埋首讀洋書，引經據典更是完全西方文獻；這一來是因為題材太新沒有中譯本，二來也想藉此證明自己掌握的完全是一手資料。當然我的作品仍然以中文發表，難以刊登在學界講究的國外專門期刊中，不過圈內那種

全盤西化的遊戲規則，仍舊必須隨之起舞。年過五十後，回首驚覺自己已經教了二十年的書，竟然只會曹隨前人的教學研究步履，沒有任何一點生命的流露，更不用提對生命意義和價值的瞭解。這時候，塵封已久的「國故」，卻神奇地發散出絲絲光芒，雖然微弱，倒也讓我感受到一份溫暖。我終於開始關注起早年所疏忽的哲學功課了。平心而論，在臺灣念土博士有個好處，那就是從學士班、碩士班到博士班，中國哲學都有吃重的必修課。

求學十年間，我的中國哲學作業和報告也寫了不少篇，卻都是些外緣性的研究，鮮有主體性參與。對於像道家、禪宗的思想，我雖心嚮往之，卻從未深入探究，可說慕道卻未行道。在我看來，行道至少需要修行的工夫，而後才有實行的結果。未來個人的學術教育生涯中，我打算回頭去親近這古老的民族文化資產，讓自己重新認識文化中國——一個精神上的母親。我決心在學問道路上有所轉折，與其說受到外在情境的影響，不如說是來自內心的騷動。那種許久以前嚮往追求詩意的、人文的哲學心靈，竟然不明就裏地走向邏輯的、科學的路徑上去。如今驀然回首，卻見文化母親在遠方頻頻揮手。我想自己今後是會不斷貼近中國思想的，但絕不會用西方做學問的方法去加以分析割裂，而是用自己的生命情調去呼應呵護。

士與讀書人

　　年輕的時候讀《論語》、《孟子》，是在一種心不甘、情不願的制式教育下勉強為之，無甚體會，當然也談不上收穫。中國哲學的缺乏系統性，是我那追求條理的心靈所難以契入的。道家思想還算好，拈一些話題，沾幾分境界，便顯得自以為是。儒家思想卻總顯得道貌岸然，不易親近。因此它對我而言，彷彿永遠是書本裏的學問，為了應付考試才必須認真去讀、考過就忘了的那種功課。儒家常被拿來跟道家對照地看，兩大學派都有兩位代表性的人物，曰孔、孟，曰老、莊。我家裏有兩幅人物畫像，一幅是老子騎牛，一幅是莊周夢蝶，印象裏道家這兩位代表都顯得瀟灑不羈。相形之下，孔孟的造型不是出現在書本裏的插畫，便是佇立在校園中的銅像，令人產生保持距離的尊敬。

　　尤其是孔老夫子。我曾經聽說過有關他休妻的故事，後來一想，老先生吃飯時要正襟危坐，肉若未切得方正就不吃等等習慣，相信天下沒有一個太太長期受得了如此要求，不把先生休了可謂難得。在夫妻感情方面，我寧願相信莊周戲妻和鼓盆而歌的故事，

所反映出來一對歡喜冤家的恩愛。作為哲學教師，我更情願認同這些活在千百年前的聖賢，是一個個有血有肉、活生生的智慧人物。如今大陸打算在全球開辦一百四十多所「孔子學院」，適足以將聖賢的智慧普及傳播。平心而論，孔子生活的春秋時代，社會上還存在著奴隸，並非人人平等的，他卻想到用仁愛觀念去推己及人，的確非常了不起。孔子的身分稱為「士大夫」，早先屬於世襲的貴族，後來也包括受過教育的平民。

士大夫相當於今天的知識分子；至於受過教育的人，如今滿街都是，已經沒有什麼稀奇了。五千年的中華民族，到了二十世紀下半葉，在海峽兩岸都做到教育普及，無疑是件大事業。既然人人都要受教育，從事教育工作者當然也不在少數。身為教師起碼的工夫，理當是一個讀書人；進一步的自我要求，則為成就知識分子的恢宏理想。教師的工作為教書，因此書讀得比別人多乃屬必要；更重要一點則是終身行之，日益精進，不可偏廢。而在博覽群籍之外，當老師的更需要自我養成明辨是非、知行合一的今日士大夫，也就是「後現代知識分子」。「後現代」意味「有容乃大」，「知識分子」代表「無欲則剛」。讀書人的一般要求是知識豐富、腦筋靈活，知識分子則必須有為有守、風骨崢嶸，這大概才符合孔子的一貫形象吧！

知識分子生活家

　　我從「吾十有五」有識之日起，就有心成為一個「知識分子生活家」，無奈成長至今，在這兩方面皆做得不夠得體，只能以「雖不能至，心嚮往之」自況。我不是個早熟的孩子，上高中以前一切均懵懵懂懂，以後則漸有體悟，卻走過頭成為「造反派」。不怕別人笑，我高中時代最大的夢想是「革命」，一心希望「反攻大陸」。由於進的學校是臺大法學院附近的成功高中，因緣際會看見大學生為了保衛釣魚臺和退出聯合國而走上街頭，我也熱血沸騰躍躍欲試。擔任校刊主編時，盡寫些「反動」文章批評現狀，還曾經被訓育組長威脅要記過退學。但是我的內心深處，卻強烈追求閒雲野鶴的出世生活，以致考大學完全不考慮前途出路，一心只想念追尋人生奧義的哲學系或心理系。

　　高中時期外務太多，心浮氣躁，功課奇差，壓根兒不想考大學，結果分數只夠念三專。重考勉強擠進哲學系，還托作文得高分之福。印象裏四十分的作文我拿了三十六分，多少註定以後要靠耍筆桿吃飯，事實上我也真的做過三年雜誌記者。還記得當年大學聯

考作文題目奇長，曰：「曾文正公云：『風俗之厚薄
奚自乎？繫乎一二人心之所嚮。』試申其義。」我確
知此「一二人」指的是在位者，乃就「上樑不正下樑
歪」的道理引申發揮，相信搔著癢處而得高分。如今
回想起來，竟然驚覺這個題目對今日現狀而言，是多
麼地如實貼切！身處於是非顛倒、價值混淆的逆境濁
世，要對著莘莘學子講授生命教育課程，我唯有寄望
年輕人追求做個「知識分子生活家」的理想。

　　可惜現實之中經常事與願違。像我長期開授人
生哲理方面的通識課程，在臺上講得口沫橫飛時，只
見學生個個在下面振筆疾書，埋頭苦幹；當時以為他
們勤作筆記，後來才搞清楚原來是在演算會計習題，
因為每週下午都要小考。可愛的大學生什麼時候才會
抬頭起來，報以欣賞的微笑呢？當然是我勉強擠出一
個笑話之際。二十年過去了，我依然站在講臺上推銷
「知識分子生活家」的理想人格境界，但是已經能夠
不在意學生是否認同接受。畢竟已盡了力，縱使我無
法「兼善天下」，至少能夠「獨善其身」。近來我越
發期望遠離人群，回歸自我。當然教書面對年輕人不
是壞事，但是同儕之間不免有利害關係，彼此往還越
少越好。盡可能簡化、淨化自己的生活，生命才得以
美化、純化。

觀生死

哲學教育工作者

　　年輕時基於一股「非如此不可」的「生命中難以承受之重」，毅然把哲學系填為大學聯考第一志願，結果也如願考上哲學系，並且念到真正的「哲學博士」，更成為大學哲學教授。在臺灣教哲學有時不免面臨一種尷尬的局面：不少人聽說我教哲學的第一個反應，是問我會不會算命；我據實答以不會，對方立刻顯出對我不學無術的狐疑。還記得自己在軍校教國文時，再好的範文也引不起學生興趣，只好搬出中國文化「五術」中的姓名學，為學生「開示、解名、改運」，果然一炮而紅，如今想來不禁好笑。還有一種情況，也令我深覺汗顏。我曾經為了工作需要去念政大企研所學分班，成為班上唯一博士級學員，不免引起老師好奇。當時的企研所所長每次看見我，便戲稱我為「哲學家」。

　　十幾年後我去參加所上聚餐，有兩、三位部長級人物在座，老師卻仍在大庭廣眾前這麼喚我，令我大吃一驚！學者在大學裏教各種學科，因為必須不斷發表論著，稱呼「文學家」、「數學家」或「科學家」並不為過。唯獨「哲學家」一辭另有深意，叫起

來難免太沉重！我雖然教哲學至今已屆二十三年，卻始終以「哲學教育工作者」自視，有時甚至自我調侃為「哲學從業員」。老實說這並不算一樁好差事，尤其當二十世紀最有影響力的哲學家之一維根斯坦，曾明確規勸他人莫當哲學教授，以免站在講臺上言不由衷，盡對學生講些連自己都不相信的空洞道理。當初我是從進博士班開始教起哲學課的，前十三年間除了在哲學系講授過一門邊緣的科目「宇宙論」外，幾乎完全是教外系通識課程，經歷乏善可陳。

後來因緣際會體驗了四年「生死學」奧義，並有機會參與推動「生命教育」，進而反思其中的真諦。接著在過去這六年踏進「教育哲學」領域後，更讓我有倒吃甘蔗、漸入佳境的感受，同時帶給我重新探究哲學的信心，願意通過建構「華人應用哲學」來延續自己的哲學慧命。三十四年前初入哲學系，系主任張振東是一位威儀的神父，他的頭一句話至今我仍謹記在心：「科學的終點是哲學的起點，哲學的終點是神學的起點。」於是註定讓我一涉足哲學，便同科學與宗教糾纏不清，直到最近方才得以割捨。我近年提出「中體外用論」，確定自己在未來的學問道路上，將以哲學為體、科學為用，宗教則存而不論。我曾經為了告慰父親，而發願成為佛教徒；此外我的人生志願，將永遠是一名哲學教育工作者！

自我生命教育

觀生死

人生與哲學

　　我想我天生就是一個自了漢，走上以哲學為業的人生道路，多少跟哲學工作可以「各自為政」、「各行其是」有關。臺灣流行中國和西洋兩種哲學，有人說中國只有哲學沒有哲學家，西方則是沒有哲學只有哲學家。這意思是說，中國哲學講究師承，於是只見儒道二家當道；西方哲學強調批判，於是「一人一把號，各吹各的調」才配稱哲學家。在這種情形下，我走上西方哲學的途徑，乃屬自然而然；尤有甚者，我一路走向當時最冷門的科學哲學研究，寫碩士論文、博士論文和教授論文，都可視為紙上談兵、閉門造車的成果。我終於確定自己喜歡坐而言勝於起而行，這不能不說是我的生命情調之反映。然而我對於繁瑣艱深的哲學思想卻一律敬而遠之，這又使我註定無法成為哲學家，只能勉強做個靠哲學吃飯的哲學從業員。

　　有人譏諷哲學家最大的本領，是把明明很簡單的道理說得莫測高深，讓別人聽不懂，同時還堅持自以為是。社會上許多人一聽到「哲學」二字便搖頭，我想哲學家至少該負一半責任。我雖然念的是哲學，卻一點也沒有那種「莫測高深」的本領，反而十分嚮

往「清風明月」的平常境界，因此從探究一位自稱為「常識實在論者」的英國哲學家波普的思想著手，一路走向與既有哲學不同道的「應用哲學」途徑。這在圈內人看來不免膚淺，我卻慶幸自己從未真正走進「圈內」，而始終以作為一個哲學邊緣人優游自得。我當上大學教師已屆二十三年，大多在講授通識教育課程；學生把它當作營養學分，我也樂得甘之如飴，彼此各取所需。直到生命教育登場，我才感受到教哲學其實是一種「生命中難以承受之重」。

大專課程有通識課程與專門課程之分，就連哲學系都有一定的專門課程。我教的大多是外系的通識課程，像「生死學」、「人生哲學」等科，有時候選課人數多到爆，讓我好奇這些年輕人所為何來？當然有些是來混學分的，但還是有不少人真正關心自己生命的未來。年輕人最寶貴的資產正是年輕的生命，他們有著無限寬廣的未來。生命教育對他們而言，雖然不見得收到立竿見影之效，卻可能產生潛移默化之功。在一般性的哲學通識課程之內，增添一份生命教育的理想，或許可以有所作為。近年我的哲學關注焦點，從非常現代的西方知識，轉向相當古老的中國智慧，而且嘗試辯證地走出一條後現代「華人應用哲學」的道路。希望它能豐富生命教育內涵，也能增益我的哲學人生。

觀生死

我的社會化

　　人生行過半百，我自忖個人社會化的歷程，大致可以歸結為一句話：在社會化與反社會化的張力之間載浮載沉。反思自己的人格特質，「過度自覺」是優點也是缺點；優點為感受敏銳深刻，缺點則為容易患得患失。回想年輕歲月，十五歲以前懵懵懂懂，也就隨俗地與一般中學生同樣社會化，為升學考試而奮鬥。十五至二十歲之間，則出現高度反社會化的情形，結果是高中時代混了五年，足足比別人多花兩年才進入大學；而大學又堅持只念哲學系或教心系，這些都是一般人眼中比較「怪」的科系。自從我考上哲學系，就註定這一生的非社會化傾向。老實說，當年我從未考慮過前途事業和出路，只顧一個勁兒生吞活剝地猛修課和讀雜書，真是所謂「好讀書不求甚解」，沒想到這種「雜家」性格至今有增無減。

　　由於個人「自我」強烈作祟，我對與「社會」有關的概念始終不太在意。心理學在我看來不是社會科學而屬自然科學，我甚至選修生物學作輔系。也許讓我唯一感到興趣的「社會」議題乃是社會主義。受到孫中山思想的影響，我相信社會主義代表公平正義，

　　至今我仍對政府未能徹底實施「漲價歸公」的三民主義土地政策，導致房地產價格飆漲，令我背負二十年沉重房貸而耿耿於懷。諷刺的是，當我三十五歲拿到哲學博士後，找到的頭一份正式工作，竟是到商專教「國父思想」。商專主要的課程都是資本主義產物，教學則屬於典型社會化過程。身處其中，我不但找不到非社會化的知音，更基於職務需要，汲汲營營地去讀了三年企業管理研究所。年輕時從未想過自己會學商，由反社會化走向社會化，驀然回首，竟驚覺自己已是一介面目可憎的中產階級。

　　中產階級的另一項表徵即是中階經理人。我在大學服務，由於人文背景的邊緣化身分，使我不易成為專業性教師，而必須進入行政系統兼職以求安頓，沒想到這竟是人生中最令人不安的際遇。十九年正式教師生涯裏，有九年半的行政經歷，擔任的還是組織內中高階經理人角色。偏偏我天生不喜歡管人，更不喜歡被人管；結果幹行政不是被撤職，便是掛冠求去。好在近年我廁身教育系所，無人聞問，專心教學著述，倒也樂得優哉游哉。算算離屆齡退休還有十一年，心想倘若能就這麼平平淡淡走完一生，與社會若即若離，也許是最妥當的存在抉擇吧！我慶幸身處的社會結構沒有大風大浪，社會變遷也得以讓我漸入佳境，而社會化與反社會化的自我竟也相安無事，剩下的就看我如何在學校社會中安身立命了。

人生的哲學

「人生的哲學」之說在此有兩種意義：「人生」的哲學與「人生的」哲學；前者是針對人生問題所作的哲學思考，後者則是具有人情味的哲學表述。對我而言，三十多年哲學生涯不外解答前者的問題，二十多年教學生涯則不外追求後者的理想。這讓我回想起二十一年前，初次講授「人生哲學」一科的奇特體驗。一九八六年國立空中大學正式開辦，頭一學期即開授「人生哲學」課程，我當時正在讀博士班，沒有正式職業，只能靠到處兼課打零工養家活口。空大授課除廣播電視教學外，尚需要為數眾多的面授教師，到各地學習指導中心去擔任一個月一次的面授工作，同時負責監考及閱卷。考試由主講教師出題，面授教師只管批改考卷和作業。那年為了多賺些鐘點費，我自願從臺北跑到臺南去面授。

由於時間訂在週日上午，一共兩班四堂課，我每月有一個週末要搭客運車至臺南市，借住同學家。第二天起個大早，趁人家仍在熟睡之際，悄悄出門搭乘公車往成大，跟一群同我差不多年紀的三十出頭老學生，一道切磋「人生哲學」。除了打工謀生外，我的

確是因為對這一科情有獨鍾，才會毅然南下授課的。只是我的熱情在一次考試中幾乎消磨殆盡。那時空大除了期中、期末考之外，還有月考式的段考。學校剛剛開辦，考官大概怕學生一時不適應大學的開放式教學，改以是非、選擇、填空、簡答命題，一律都有標準答案。如此一來，雖然沒有模稜兩可的情形，卻讓學生完全無從發揮。考卷發下後，我發現有一題是非題，只列出八個大字：「人不為己，天誅地滅。」心想「人生哲學」果然活學活用，連生活常識都可入題。

　　不料閱卷時見到標準答案為「錯」，但是幾乎所有考生皆答「對」。到底是對是錯，一時連我自己都搞糊塗了。後來仔細一想，出題者的意思應該是希望大家不要自私自利，但是考生卻心想此乃再簡單不過的平常道理嘛！結果則是我違背做老師的職責，這題一律給分。當天我心裏掙扎地搭車返回臺北，挫折感可想而知；而那學期教完後，我就不打算再南下授課了。事後我認真反思，真正問題在於，人生哲學裏的疑難雜症，大多無法用是非二分的方式來解答，更不用提解決了。有了這番體驗，以後輪到我出考題時，都會讓學生海闊天空盡量發揮。然而也許是臺灣的學生，自小被教導要追求標準答案；因此答起題來，也不見得能夠揮灑自如。連我都尚且如此，何況學生？

醫學與哲學

　　從踏進哲學系當學生到如今擔任哲學教師，前後已有三十四年，我一向不敢說自己是「哲學工作者」，勉強稱得上的頭銜為「哲學教育工作者」。走上教哲學甚至教書這條路絕對是偶然，回想當年退伍後，本想去美國改行讀心理學；因為補學分，而留在臺灣邊做事邊念書。有三年時間我是在電視臺附屬的雜誌社打工，為軟性雜誌寫稿、替綜藝節目和社教節目編撰腳本，甚至自己下場去擔任助理主持人及助理製作人。不是說笑，我曾在沈春華主持的兒童節目「快樂小天使」播出第一季當中，扮演過頭戴面具、手握長劍的串場人物「圓桌武士」，出場照例必須踩到香蕉皮滑一跤，這招還頗得小朋友歡心呢！有個笑話是說，念哲學的人找不到工作而去馬戲團化裝當野獸；這對我而言，絕對是年輕時真實的生活體驗。

　　在電視臺混跡三年，留學之夢漸漸淡化，蠢動的心卻仍然不安於室。眼見演藝圈的風花雪月，逐漸化成片片鏡花水月，我就知道自己該起身離去了。但是要去那兒呢？所幸母校博士班收留了我，從此與哲學結下不解之緣。老實說，我對理論哲學的認同感

始終不高，主要是認為它真的沒啥用處；喜歡就自己念，犯不著拿它謀生糊口。高中時代我曾經有一度想習醫，倒不是為賺大錢，而是打算鑽研精神醫學，以治療自己揮之不去的顛倒夢想。但是天生的不專心毛病，使得功課奇差無比，根本不可能考上醫學院；剛好又讀到學醫的年輕作家王尚義一句話：「醫學和哲學是一條線上的兩個極端」，就這麼決定去考哲學系。誰又會料到後來我竟然在醫學院教了四年哲學課。

說來也絕，我進博士班時已經三十一歲了，照理來說該當踏踏實實地作學問，但是念了一年後，老毛病又犯；因為看見補習班廣告，知道還有所謂「學士後中醫系」可以報考，年齡且限定在三十五歲以下。這下子我又躍躍欲試，甚至還跑去補習了幾個月，終因數理化讀起來太吃力而宣布投降。不過我學不成醫的憾事，居然在幾年前被一個學生實現了。那是一名經濟系畢業的商管女碩士，年近三十突發奇想要念中醫，還真的憑著碩士學歷，申請進入北京中醫藥大學，從大學數理化讀起，終於完成三年的學習。看來「有志者事竟成」並非空話，更可以作為生命教育激勵人心的例證。至於我，年過半百後心情逐漸沉潛，倒也慢慢體會出哲學箇中三昧，不再被心頭上的各種顛倒夢想所左右了。

關懷之情

　　我對於「關懷」理念的認識，並非來自哲學，而是來自護理學。跟護理學結緣是我生命中的一段奇遇，可說是無心插柳的結果。一九九一年我因為地利之便，到距自己服務學校十分鐘車程的臺北護專去兼課，竟然意外地接觸到從未謀面的護理學哲學。在這以前，我於哲學領域長期鑽研的，乃是十分冷門的科學哲學；它很難在同行中找到對話的對象，久之我也就泰然處之，不假外求。在護專其實也沒有可以談論的同好，倒是圖書館內不乏值得發掘的材料。一開始我還是用既有的科學哲學理路，去貼近陌生的護理學哲學；畢竟在我心目中，護理學仍屬於一門應用科學。然而當我通過護理學文獻的解讀，而契入女性主義思潮時，知性世界竟然奇妙地為我開了一扇寬廣的窗，回頭照見了心靈深處的感性世界。

　　年輕時嚮往讀哲學，多少是受到當時流行的存在主義思潮影響。存在主義撼動了我的感性心靈，但是哲學系強調理性思維的教育型態，逐漸影響了我的探索途徑，當然這也跟我個性上喜歡清晰的理路有關。我對兩類哲學始終無法契入，一類是把簡單道理說得

極其複雜，一類則是板著臉說教；碰到這些哲學家我一向敬而遠之，至今猶然。好在古今中外，還是有許多可愛或者特立獨行且成一家之言的哲學家令我心儀，足以效法。其中最能夠讓我在苦悶中得以釋懷的便是叔本華，因為當我悲觀時，發現有人居然想為自己的悲觀找理由，而成為「悲觀哲學家」，我就變得豁然開朗了。話雖如此，我在哲學上還是找了一位開朗的哲學家努力追隨之，那便是當代英國著名科學哲學家波普。

波普的哲學以清晰易懂見長，但是最令人感動的，卻是他那躍然紙上的人道關懷，以及一股希望解放人類身心的理想。難怪日後我在女性主義中感受到那種解放女人身心的理想，會覺得似曾相識。女性主義原本是一種為女性爭取出頭天的社會運動，被幾乎全為女性的護理專業所吸納可說理所當然。女性主義在護理界，帶動了以「關懷」為其核心理念的專業認知，以與醫療界注重「治療」取向有所區隔。事實上，護理人員在臨床實務上表現出無微不至的關懷之情，的確屬於無與倫比的愛心體現。受到女性主義啟蒙，我從科學哲學走向生命倫理學，再通過生死學踏上生命教育的講壇；真正讓我有感而發的，其實是自我生命教育。身為一名教師，我希望能夠把生命中的關懷之情推己及人，在學生的心田中醞釀出潛移默化的效果。果真如此，則於願足矣。

我的邏輯生活故事

　　説我跟邏輯長期以來便處於一種愛恨情仇的糾纏中並不為過。還記得一九六八年我考上高中，那年臺灣剛開始實施九年義務教育，高中則採用美國的數學和科學新教程，什麼新數學、新物理學、新化學、新生物學，一時好不熱鬧。而望著嶄新的教材和課本，我也有種説不出的喜悦，甚至立志要當科學家。雖然第二年人類便登上了月球，我的科學夢卻隨著數學成績一塌糊塗而成為泡影，理由無他，我被數學課本中的邏輯概念給打敗了，始終抬不起頭。如今回想起來，我依稀覺得初中時代數學尚差強人意，對符號數字的興趣也並非完全缺缺，怎麼上了高中竟然一敗塗地？原因正是當時臺灣一心模仿美國，推動中學數學教育改革，放著代數幾何不教，一上來先講「真值表」、「集合論」，盡搬弄些抽象的邏輯概念打轉，這些跟我的直覺領悟式學習完全不相應，結果只有束手投降一途。

　　不怕大家笑，我一上高中念數學便洩了氣，以致後來的三角、幾何等完全無心學習，幾乎形同放棄。加上高中時期陷入「存在抉擇」的人生茫然，一共

花了五年才勉強考上大學；其中數學因為倒扣，僅得十六分，算是一生中重大考試最低紀錄。偏偏考上的是哲學系，必修一年六學分理則學，教授是位留學歐洲的神父。他興高采烈地教大家難得一見的波蘭式符號邏輯，我則戰戰兢兢、如坐針氈盲目地跟著不停演算習題，一年下來終於及格過關。修完理則學我下定決心與邏輯說再見，好在我上的輔仁大學遵循歐陸傳統，不太重視英美傳統的邏輯分析技巧，以致我得以順利讀完博士班，不必再跟一大堆符號演算纏鬥。不料剛當上大學講師，竟然被排到體育系教理則學，也就是邏輯。望著一群人高馬大的運動健將，真不知如何跟他們介紹抽象的概念分析。

當時為了找尋適當的課本也大費周章，剛好國立編譯館出版了一套高中理則學教科書，我讀了尚稱簡明，便用來當教科書。一開始體育系學生還認為我小看他們，怎麼上大學還用高中課本？事實證明這兩冊教材很紮實，連我自己都受益匪淺。由於課本編給高三學生選修，聯考當前，誰有興趣選這些課？後來聽說我是唯一大批採購這套教材的老師。至於理則學教過幾年後，也就逐漸得心應手了。印象較深刻的是在以法科聞名的東吳大學兼課，教到法律系新生，覺得責任重大。想起美國電影中法庭上律師和檢察官針鋒相對，伶牙利齒背後的嚴謹思緒，需要多麼深厚的邏輯訓練？我當學生時一路走來，都沒有把邏輯學好；卻在當上老師後通過自學方案，教學相長下困而學之，倒也是教師生涯中難得的體驗。

思辨與體驗

　　西方社會學家把「知識分子」界定為「理念人」，並且認為這種屬性無法在眾多從事藝術、科學和宗教的人身上看到。換句話說，理念人不同於藝術家、科學家以及宗教家。我在被稱為「知識殿堂」的大學裏任教二十餘年，對於「知識分子」的崇高境界，始終抱著「雖不能至，心嚮往之」的態度。大學殿堂中有成就者屬於「知識工作者」，其餘包括我在內的大多數靠教書謀生糊口，則忝為「知識從業員」；至於那些對社會不斷加以針砭批判的時代良心，堪稱「知識分子」者，的確如鳳毛麟角。一定要對社會多所批判才配稱「知識分子」嗎？答案為肯定的。因為社會是世俗價值的匯流之所，所謂「世風日下，人心不古」，汲營於名利權勢的人肯定比追求真理至善的人多，少數諤諤之士也就格外顯得高風亮節了。

　　作為「理念人」的知識分子，也許需要懷抱「兼善天下」的胸懷；我自忖沒有這番抱負和能耐，卻十分堅持要當一個「獨善其身」的自了漢。西方意義下的知識分子，放在中華文化的傳統中，比較接近儒

家「士人」的典型，或者說是「讀書人」。老實說，我從小便對儒家形象敬而遠之，一方面覺得它道貌岸然，一方面大概是因為被學校《論語》、《孟子》的填鴨教育，搞得興趣缺缺；這種情形一直到近年方才獲得改善。不過平心而論，我的生命情調的確比較接近道家而遠離儒家。無奈臺灣的中小學教育，幾乎完全未曾介紹道家的思想，我只有在高中時代讀課外書稍有涉獵，一度頗有所感；進入哲學系後它卻變成作業功課，反倒不易為之所動。哲學系走的是思辨的路線，與我那偏重體驗的氣質不太相應；好在當年學風自由，老師樂得放羊吃草，我也順利通過自學方案，從學士、碩士一路念到博士。

思辨哲學的典型是形上學，當年我有學沒有懂，卻很羨慕系主任在外系開的一門「人生哲學」課。聽說那門課是在教大家從血型看氣質，想來就比形上學有意思得多。不過如今回想起來，還是覺得哲學系十年的訓練相當值得。畢竟學校教育是「漸修」的工夫，自學有成屬「頓悟」的效果；沒有長期的思辨修行，又何來靈光乍現的體驗通達呢？我自從踏上講壇傳授哲學思想起，便先向那些視哲學為畏途的學生曉以大義，進行心理建設。哲學的確是一門抽象且不易討好的學問，尤其是講究思辨不重經驗，與科學實事求是的精神大異其趣。但是哲學終究為探索天人地、真善美的博大精深古老學問，甚至各行各業的博士也多稱「哲學博士」。有志者學習哲學義理、從事形上思辨，只要循序漸進，終究會漸入佳境的。

形而上者
謂之道

　　西方的形上學具有深厚的宗教淵源，很容易跟「上帝」談在一道。我大學讀的是天主教輔仁大學哲學系，教形上學的是一位和藹可親的瑞士老神父葛慕藺。當他講到精彩處，必定手指向天際；這時整排假牙便會脫口而出，看得大家目眩神移。老教授的和氣，並不表示他所講授的內容同樣平易近人；相反地，那真的是「玄之又玄，不知所云」啊！倘若所有的哲學科目，都像這般深奧難懂，我是絕不考慮繼續念哲學的。未料畢業前竟然交上一名學妹女朋友，為了留在學校陪她，我產生很充足的理由和很強烈的動機，打算報考研究所。當時考碩士班的專門科目，除了中西哲學史以外便是形上學；我本想打退堂鼓，但是看見女友期盼的眼神，於是把心一橫，決定拼了。

　　我預估會是老教授出考題，而他只寫過一冊不到兩百頁的教科書。我雖然不甚瞭解其中奧意，卻發揮苦幹實幹精神，用我在考大學時的策略，充分發揮我的圖畫式記憶工夫，將教科書熟讀十遍以上，幾乎把它完全背下來，如此一來便不怕被考倒。事情果然不出我所料，但我沒想到這一科竟會考得最高分，硬

是把一些深具哲學慧根的同學給比了下去。大概是形上學考得特別好，學校決定錄取我這個若即若離的哲學邊緣人。多年後我沒有留住女朋友，卻讓哲學引領我走上人生的事業發展，成為一名大學教師。為了紀念我的形上學洗禮，老教授的教科書至今仍珍藏在身邊。而我在大學時代，哲學讀得差強人意，身邊週遭卻不時出現一些靈光乍現的哲學天才。

記得大二同時必修形上學和知識論兩門重課，大家莫不叫苦連天，卻有一位同學學習無礙，輕鬆自如，自然成為我們考前臨時抱佛腳的小老師。這位老兄形上學念得心有靈犀一點通，有天竟然宣稱創立一門「形上教」並自封教主。看他天天到大一新生班上去「傳教」，久之也不引以為怪。真正奇怪的是，過了一陣居然有位小女生對他為之折服，不時隨侍在側，終於被封為副教主。「形上教」從頭到尾只有兩名信眾，苦撐一年，結果是勞燕分飛，不了了之。老同學至今也成為大學哲學教授，有天同他提及此事，他卻一笑置之，倒讓我為之悵然，誰又知道我的形上學之戀呢？《易經》講「形而上者謂之道」，形而上的世界是虛無飄渺的抽象境地，是不食人間煙火的玉帝天廷，但它竟然也是「柏拉圖式戀愛」的情人樂土，這次第又怎一個「情」字了得？

無徵不信

　　哲學家笛卡兒有一句大家耳熟、但不一定能詳的名言：「我思，故我在。」這句話看起來很簡單，其實大有深意，連後來存在主義的應運而生，都跟這句話有著一定關係。笛卡兒講這句話的出發點為「懷疑」。他的推理是：我可以懷疑一切，但立刻發現有一件事不能被懷疑，那就是「懷疑」這件事本身。若非如此，則任何思考便無甚意義了。而接下去要肯定的乃是懷疑者，否則懷疑即無從發生。笛卡兒正是如此這般推導出「我在懷疑」、「我在思考」，以及「作為思考者的我之存在」等前提與結論。當然這個「我」必須是頭腦清晰、不受他人左右的「主體」。注意笛卡兒這一套說法，完全是思維中的推理，不經過任何感官知覺的證實；這正是理性主義的特徵。

　　但是經驗主義的特徵卻完全相反；像洛克就認為人心是一塊白板，任何知識都必須通過感官知覺寫上去才算數。比經驗主義更信任經驗的實證主義，甚至主張無徵不信，意思是什麼說法都得拿出證據來。現在問題來了：「無徵不信」的要求，究竟有什麼證據在支持？哲學家可以宣稱懷疑一切，卻不能懷疑「我

在懷疑」這件事；也可以要求無徵不信，卻無法為自己的要求提出「信而有徵」的證據。難道哲學家都在癡人說夢？或是盡說些不負責任的話？非也！他們其實經常會「退一步想」，也就是站在事情的外面看問題。用哲學的術語說，亦即採取「後設觀點」。我們甚至要說，哲學的看家本領，正是使用後設觀點看問題。像哲學的核心分支學科形上學，它的原意便是「後設物理學」；物理學探究現象世界，形上學則關心現象背後的本質問題。

後設物理學感興趣的「本質」，既看不見又摸不著，許多人乃懷疑這根本是子虛烏有。但是物理學所探究的對象，諸如原子以及次原子粒子，又有幾人真正看見過？人們為何對此深信不移？原因就是物理學家可以拿出一些實驗的證據來，而哲學家只能教大家反身而誠地思辨。偏偏從十九世紀到二十一世紀的今天，世人大多對「無徵不信」深信不移，卻對「反身而誠」嗤之以鼻。然而誰又肯認真想想，「無徵不信」的想法其實屬於思辨的產物，「反身而誠」卻可以視為內在體驗的結果。有的哲學家例如胡適，曾指出「有幾分證據，說幾分話」；但也有哲學家像維根斯坦，卻強調「我說的話固然重要，真正重要的，則是我沒說出來那部分」。愛好智慧的朋友，你認為呢？

生命
的方向

　　我是個好讀書不求甚解的人，傾向於空靈玄想，對系統化的經驗知識經常沉不住氣，因此難以學得專精，如今雖忝為哲學博士和大學教授，卻必須承認自己只能夠並適合教通識教育人文課程。在大學任教仍必須遵循學校體制的遊戲規則，像我教通識課壓根兒不希望考試，甚至連「報告」都不打算讓學生寫，充其量交一篇學習「心得」來結算成績。這種放羊吃草的作風，自不易為校方所理解；乃叫我寫「報告」，交代所為何來。我為了息事寧人，只好從善如流按時考試，但是考題仍為自由發揮的學習心得。當然這種事情只發生在我教的通識課程，諸如「生死學」、「人生哲學」等科上面；在我看來，這類課程讓學生寫篇遺囑或寫段人生感言，比起綱舉條列的考試或引經據典的報告，來得有意義許多。

　　西方知識學關注的是客觀普遍的「真知」，並認為與此相對的乃是主觀個別的「意見」；唯有真知方能登上學術殿堂，意見則代表個人想法，只有靠邊站的份兒。這種對「真知」的看重不斷發展擴充，遂演變成為今日備受重視的科學與技術知識，可以藉著考

試有效評量學習成就。問題是從古至今許多思想家、哲學家的個人「意見」，不也被整理成有條理的學問在課堂上講授嗎？這些主觀學問究竟要像客觀知識一樣，給學生記憶背誦以應付考試；還是要讓學生心領神會，以期對人生產生潛移默化的效果？我以自己做學生和當老師的長期體驗反省思考，得到得結論乃是：人生哲學考一百分的學生，並不表示他一定做人及格；而考試當掉的學生，也不見得人生一敗塗地。

　　和身邊一些教電腦、教管理，甚至教歷史的同事比起來，我發現自己所教的課程，的確在學生心目中有另一層意義。記得有回我問一群學生為何選修「生死學」，一名設計科系的女生表示，就是聽說這門課要寫遺囑才來上課，並強調遺囑早已寫好，就等我收繳；後來果然發現她對後事交代得洋洋灑灑，學習生死學對她而言，不啻為一場生命的洗鍊。這便是我心目中「生命的學問」，它可以是課堂上講授的知識形式，卻足以在學生成長的心路歷程上，開創充分的附加價值。我不認為客觀地考試評量，能夠促成這種附加價值；表達個人意見的心得書寫，卻可以創造價值。有學生質疑我是如何有效評分？我指出一個重要的標準，便是在心得文章中，讀得出一個鮮活的「你」。其實我真正希望的，乃是學生藉此機會好好反觀閱讀自己，從而真正活出自己。

人生
的倫理

　　我是為了人生解惑才選擇進哲學系的，結果學到的卻是宇宙解謎。平心而論，大一、大二時修的專門課程都有點硬，心想哲學如此生硬沒啥道理，倒不如去念更硬的科學，於是我又選了生物系當輔系。理學院的功課果然很吃重，與文科相比簡直不可以道里計。我唯有在進出實驗室的當下，才覺得身心踏實些；畢竟二者的差別是，哲學沒有機會做實驗。當年我的粗淺觀感是：念科學以吸收宇宙真理，學哲學以體會人生存在。講人生存在的課，到了大三才遇上，亦即「倫理學」。相信許多人對倫理學跟我有同樣的印象，那便是「老生常談」。的確，小學、初中、高中，那一個階段沒有學過跟倫理有關的課程？心想倫理學不過是些道德教訓，跟人生存在恐怕相去甚遠。懷抱著這種心理，我修了整整一年的倫理學。

　　後來我逐漸感受到，倫理學其實在教導我們，從事道德判斷和倫理抉擇時，所依據的思想推理。它也同其他哲學科目一樣，充滿了一個個「主義」，可以掛在嘴邊對別人炫耀。不過我還是從倫理學的學習中，感受到西方哲學家對於人生處境，所表現的一絲

不苟理性分析精神。而系上的老師們，也正是用這種理性思維的態度，來教導我們中國哲學。這使得我們得以藉由西方哲學的框架，通過理性分析，去理解中國古聖先賢的智慧結晶。十年的學習生涯，我學到許多西方哲學流派，懂得使用各種專門哲學術語，但總覺得這些跟中國的義理之學，多少有些不相應。讀博士班時得以在母校大學部兼課，對非哲學系的同學講授「哲學概論」，總算讓我有機會將過去所學加以反芻。

有一回我從課表上發現，外系學生還要必修一門哲學課，叫做「人生哲學」。我很好奇，也很疑惑：怎麼我念了六年哲學，卻沒聽說過這門課？原來這是專為外系開授的柔性課程，讓年輕人學會對生活體驗作哲學反思。如此有意思的課，哲學系學生卻學不著，難免有些遺憾。後來我終於有機會在空中大學教到這門課；無奈課本所介紹的，盡是古今中外偉大哲學家的人生大道理，我也沒有什麼發揮的空間。尤其當我看見期中考有一道是非題，只出了八個大字：「人不為己，天誅地滅。」標準答案是「錯」，但是人人都答「對」。人生哲學如果是這般二元思考下的黑白分明，我也不知該如何去教。進哲學系至今三十四載，我逐漸體會到，有些哲學問題只能感受不能講授。教育也許正是如此「知其不可為而為」的擇善固執吧！

倫理人

　　常聽說我們是「政治人」、「經濟人」、「社會人」等等，意味著跟政治、經濟、社會生活脫不了關係。順此思考，則每個人也都是「倫理人」；先不談倫理道德，即使是人際關係也無所不在。長期以來，我對倫理學的理解，便是視其為探討人際關係道理的學問，算算終不出儒家所分辨的「五倫」。正是這五種類型的人際關係，將我們塑造成為「倫理人」。先談「君臣」關係，現在是民主時代，至少兩岸四地華人社會都沒有君臣之屬，但是上下關係卻始終存在。上下關係大多指向長官部屬關係，在學校裏還有師生關係。我身為教師，卻不喜歡管學生，認為最理想的情況為「亦師亦友」。好在現在主要教的是研究生，在他們眼中我應該不是高高在上，而是可與之論學談心的朋友。此外當陽春教師還有一個好處，就是只要按規矩上下課，學校也不會管我，真正做到「海闊天空，自由自在」的境地。

　　再談「父子」關係，現今同樣應該擴充為親子關係，而且分為對上和對下兩方面。我因為抱持無後主義，所以沒有子女的後顧之憂；倒是老父十一年前

以八五高齡壽終正寢後，如今年屆九秩的老母依然健在，僅行動稍有不便而已。母親一向對後事很想得開，但是我還是覺得「慎終」有其必要，這包括臨終關懷和料理善後，多少也算是孝道的表現。親子關係實來自夫妻關係，「夫婦」雖然假定有婚姻關係存在，但是身處多元後現代社會，男女同居甚至同志結褵，都已不算新鮮事；而且只要雙方互有信諾，也可以視為實質夫婦。我結婚至今二十二年，沒有子女反而更容易體察夫妻相處之道。婚姻不是床上多一個人、桌上多一雙筷子那麼簡單，而是生活史和人生觀的交織，凡事講究協調與包容，否則還不如「一人吃飽，全家不餓」的單身生活來得輕鬆。

「兄弟」關係原來反映長幼有序的倫常，如今即使擴充為手足情誼仍嫌不足；因為兄弟姐妹長大了，常因學業或工作而各奔西東，終年難得一見。倒是同窗與同事朝夕相處，榮辱與共，有機會培養成比朋友還要深厚的兄弟情誼。目前許多學校都有學長姐和學弟妹的傳統，美國大學也有兄弟會和姐妹會的社團組織，都表示出同學關係的熱絡。至於原先意指同學的「朋友」關係，現在的內容已變得相當廣闊。「獨學而無友，則孤陋而寡聞」是它的古典意涵，今天卻流於泛指吃喝玩樂的一伙人。我認為恢復它的古義，可以算是一種創新。朋友在一道，論學談心方能彼此提攜，否則還不如作自了漢，自求多福，自得其樂。人際關係理當有所增長，而非相互抵銷，「倫理人」的真義即在此。

美的小吃

　　我是個不美的人，人長得不體面，生活也缺乏品味，只是在長期讀書和教書的生涯中，不時感受到某種愉悅與和諧，就這麼甘之如飴地走過半生。說來好笑，我念哲學系從未修過美學和教育哲學，卻在空中大學先後教過這兩門課，邊教邊學，算是為自己補課。記得那時候講授的還是「中國美學」，講到園林建築，我照本宣科卻不解其中味，直到有一天走進蘇州著名的「拙政園」，才略為體會箇中奧妙。原來美學必須擁有美的體驗，方能印證所學，這與一般哲學的玄思臆想可說大異其趣。年輕時候的我還是個不擅寫作更不敢輕易提筆寫作的人，不像現在我可以一天寫上萬把字。由於我對於寫作沒有信心，卻又有一股衝動想寫，因此在大學時代我除了勤寫日記外，文藝創作只敢嘗試寫詩，因為詩句比較短，可以在短時間內完成。

　　我是從二十一歲開始寫現代詩，十一年間共得小詩六十首，此後便無以為繼，至今猶然。如果愉悅與和諧代表美感，那麼我所創作的第一首詩〈癢〉可說一點也不美，發表後甚至引起同學的不悅。因為那首

詩是這樣寫的：「癩皮狗從黑色中現形／它坐下來／左抓抓／抓抓抓／抓抓抓抓抓抓／右抓抓／抓抓抓／抓抓抓抓抓抓抓／延續的／無奈的／欲罷不能的／癢／癢癢癢／癢癢癢癢癢癢癢」，同學讀了紛紛說全身發癢。其實靈感只是來自一個雨夜在臺大對面等公車，車子久等不來，卻從黑巷中搖擺出一隻癩皮狗，坐在我跟前傘下便不停地搔抓起來。我出神地觀望許久，甚至差點誤了搭車。上車後我看見窗外癩皮狗的身影漸遠，一股詩意油然而生，回家立即寫就，也不知美是不美。

　　人家說藝術欣賞與創作是美的饗宴，我可沒有如此大的胃口，只能嚮往美的小吃。我不會畫畫，不會演奏樂器，甚至連五線譜都看不懂。勉強跟創作沾上邊大概就是寫作了。年輕時我一連寫了十年詩，中年後偶然有機會又一連寫了十個月專欄登載的散文。為了不讓小吃斷炊，我決定持續為之，因此近年我寫教科書都會附上一個名為〈心靈會客室〉的情意教育專欄，就算是在追求生活美之餘，也給自己添增幾分藝術美的雪泥鴻爪吧。去年有出版社邀請我用哲理散文的形式，寫一本介紹通俗心理的小書，可視為專欄寫作的更上層樓。對於我這個原本即不美的人而言，抓住一些美感便多了一份喜樂。希望讀者朋友都能提起筆來，「我手寫我心」；讓源源美感，自塊壘中潺潺流過。

觀生死

人無「信」不立

　　二〇〇三年九月，我到四川大學講學三週，主題是「華人生死文化」。大陸與臺灣的大學生一樣充滿活力，生氣盈然，而且離不開手機。修課的全部都是大學部本科生，大約四十餘人。下課時跟他們閒聊，有兩件事情令我印象深刻。其一是所有年輕人都是一胎化的結果，完全沒有兄弟姐妹的手足觀念。其二則是人人都沒有宗教信仰，同時不認為這件事有任何重要性。大陸自從改革開放以後，開始實施一胎化政策，迄今近三十年。倘若這項政策堅持不變，執行貫徹始終，則再過三十年，絕大多數的中國人，非但沒有兄弟姐妹，連叔叔、伯伯、舅舅、阿姨、堂兄、堂弟、表姊、表妹等旁系血親，一概消失無蹤，傳統「五倫」就此少了一倫——兄弟倫；這是何其重大的事情！

　　倫理關係的轉型，屬於世俗界的變遷；天人關係的淡薄，則象徵著神聖界的式微。大陸實行社會主義制度，肯定人民有「不信仰宗教」的自由；於是除了傳統寺院廟宇，還有中老年人上門外，年輕人無論形式或內涵上，似乎都與宗教信仰無緣。我講學的四川

大學以道教學術聞名全球，但即使是主修「宗教學」
的研究生，也無甚「宗教感」！我一向把宗教信仰拆
成兩件事來看：宗教是「團體活動」，信仰為「個人
抉擇」。世界上有各式各樣的宗教團體，人們可以選
擇皈依任何教團，或者選擇不信。身處華人社會，宗
教氛圍原本即淡然而多樣；年輕人不信教，或是戲言
信「睡覺」，都是稀鬆平常的事。然而縱使不信教，
並不表示人生不需要作為靈性支柱的生活信念。

　　「靈性」不一定要涉及宗教意義，它更好是指
一種內在需要的「精神性」。我認為這便是人生圓滿
的起碼條件。反身而誠，我對信仰有所認同，卻不喜
涉足宗教活動，看來只能也只求「自度」。倒是從上
了高中有所自覺之後，一直在追求安頓人生的信念，
甚至因此選擇讀哲學系。三十餘年來對於「生命情調
的抉擇」，我肯定自己嚮往的，乃是東西文化交融下
的「後科學人文自然主義」。英國哲學家波普堅持的
「科學哲學」批判性、法國哲學家卡繆反思的「存在
主義」荒謬性，以及中國文學家林語堂領悟的「道家
思想」豁達性，三者作為我心靈的啟蒙人物和生活信
念，交織出我的人生理念。如今的我願意大聲說出自
己的理念，也希望讀者朋友不斷去追尋生命的夢土。

宗教體驗之種種

　　我是個沒有多少慧根的人，宗教體驗對我而言不免貧乏，而且大多屬於外緣流轉，沒有深入其中，也就談不上假諦真諦了。有回我偶然經過兒時居住過的巷弄，看見滾滾紅塵中的教堂一隅，竟又勾起了塵封四十餘年的記憶。就在我讀小學高年級時期，巷口教堂發放的餅乾和牛奶吸引住我的興趣，也把我帶入一種讀經、唱詩和禱告的團體活動。上初中後搬了家，我還是會不時往其他教堂跑，因為在那兒可以認識許多同年齡的朋友。念高中和大學時，我甚至主動報名加入學校的團契，繼續維持我的屬靈生活，但我從頭到尾都未曾領洗歸主。大一暑假隨同班上幾名同學興沖沖地跑到關渡的基督書院參加五天四夜「夏令會」，感動得差點走上信主的行列，卻在最後一刻被自己的哲學思辨打住。

　　上了大學眼界漸開，世俗樂趣淡化了神聖追求，基督教邊緣人的角色終於告一段落。但是因為念的是天主教大學哲學系，而且從大學部到博士班，一念就是十年，多少會跟神學打交道。這回是學理上的交流，我寫過研讀《舊約聖經‧約伯書》的報告，教授

給我極高的分數，還主動拿到神學刊物上去登載，讓我覺得與有榮焉。雖然我的博士論文有三分之一篇幅，屬於宗教性對話的內容；但是我作為天主教邊緣人的角色，卻也隨著踏出校門的腳步而漸行漸遠。拿到學位後正式擔任教職，頭五年浮沉於成家立業的生活安頓，四十歲那年遇見一位曾任專科學校校長的大學學長，人生乃有所轉變。由於他的引介，我展開了往後參與佛教團體興辦高等教育的行列，前後接觸過兩所佛教學院，皆因理念不同調而打了退堂鼓，但這回我卻因緣具足皈依了佛教。

我皈依受戒跟服務學校的因緣甚淺，倒是親送高齡老父往生成為直接緣起。一九九六年暑假我接獲邀請，赴美參加研討會並發表論文，竟然湊巧趕上為僑居美國的老父送終。父親鈕先銘與民國同庚，半生戎馬，五十三歲退伍轉入民間文職，六十八歲退休旅美與子孫同住，至八十五歲往生可謂壽終正寢。他老人家在抗戰期間，曾一度蔚為大江南北的傳奇人物，甚至成為當年報紙連載小說的主角。原因是他在首都保衛戰時不及撤出，乃遁入空門化身為僧，避居八月後伺機逃出，虎口餘生躲過一劫。化身出家和親見南京大屠殺，使得父親後來不斷親近佛法，並立志為佛祖作傳。老父的志願在生前便已達成，我卻始終覺得人生中有份願望未曾實現，皈依受戒的目的應該就是還願吧！

心誠則靈

我是一個經歷皈依、受戒儀式的佛教徒，但是海青、縵衣至今只穿過一次。我信佛教與其說是對宗教團體的認同，到不如說是一償長久以來的心願。家父與民國同庚，半生行伍生涯，抗戰爆發那年正好戍守南京城，碰上城破日軍進入大肆屠殺。父親走投無路，只好遁入城外一座小寺化身出家人，卻因此奇蹟式地躲過一劫，日後才有我的誕生。父親能夠以出家人裝扮不被識破，甚至還會念上幾段經文，緣於祖母為虔誠佛教徒。禮佛念經是她的日常功課，父親耳濡目染之餘，似乎也就心有靈犀一點通。或許因為有過這番出生入死的遭遇，日後父親始終維持親近佛法的習慣，並且開始鑽研佛學。當他老人家半百以後從軍中退伍，轉入文化機構任職，更是寫作不輟，先後將自己的戰場閱歷和學佛心得撰成《還俗記》與《釋迦牟尼新傳》二書。相信父親的寫作動機裏，多少有著還願的意義。

我習哲學三十餘載，選擇走西方哲學的道路，與中國哲學漸行漸遠，更無緣深究佛教哲學了。但是當年在高中時代下決心念哲學，主要是受到四種思潮

的影響：存在主義、心理分析、道家，以及禪宗。記得那時候喜讀「新潮文庫」叢書，鈴木大拙幾本頗有禪味的譯作，伴我走過慘綠少年歲月，再加上讀到父親的著作，都使我易於對佛教產生親切感。雖然後來我念了十年天主教大學哲學系，這份親切感卻始終未減。真正的機緣出現在我四十歲那年，一位曾經擔任過專科學校校長的哲學系學長，意外地成為我的教學單位同事。有天他很慎重地徵詢我，是否有意協助他為一所佛教學院籌辦哲學系。受寵若驚之餘我表示有興趣，於是展開了往後三年彼此的合作關係。

　　雖然那所學校後來改弦更張設立宗教學研究所，設所計畫也同樣出於我之手；但我自忖對宗教學術完全外行，婉謝創辦人的邀請前往任教任職，而到另外一所佛教學院去辦生死學研究所，從而走向生命教育的生涯發展途徑。我先後接觸過兩間個佛教團體所創辦的學院，跟教團中的出家眾和在家眾共事了七年時間，始終覺得因緣未具足，乃毅然離開團體，學作自了漢。我相信宗教是團體活動，信仰卻屬個人抉擇；個人在事業道路上應努力實踐人生信念，堅持「道不同，不相為謀」的處世原則。如今我仍肯定自己的世俗宗教信徒身分，卻對任何神聖宗教團體敬而遠之。宗教信仰對我而言，乃是個人的事不假外求。反身而誠，心誠則靈，如是而已。

我的三世觀

　　一九九七年初我前往嘉義，在當時的南華管理學院籌設生死學研究所，五月順利招收第一屆碩士生，九月風光開學。猶記得生死所開張不久，就有人找我上電視，節目叫「星期天怕怕」，充滿靈異的味道，指定我談的題目竟是「觀落陰」。錄影當天，我準時至攝影棚化妝間等候，尚有八卦雜誌記者到場插花，問了一大堆生老病死、怪力亂神的問題。這種情形不免讓我納悶：難道傳播媒體以及他們服務的社會大眾，對生死學的認知與興趣就是這些？好在我這個人凡事往好處想。觀落陰我沒有經驗，但是在一個叫「蓬萊仙山」的第四臺節目看過，彷彿是有人牽引遊地府的「探親」過程。既然是探親，讓我聯想到慎終追遠、善盡孝思之類道理。雖然有點迷信，但反映的仍屬傳統德行，所以還是包含些足以引申之處，我也就樂得在螢光幕前暢所欲言、侃侃而談了。

　　節目快結束前，主持人文英突然問我：「教授，你相不相信三世因果？」我當時脫口而出：「我願意相信。」主持人不得其解，我整理了一下思緒，給了她一個自以為是的理由。我是受哲學訓練出生的，

中間還兼習了三年科學；科學教我「實事求是，無徵不信」，哲學教我「在不疑處有疑」。三世說包括前世、現世、來世，多年前有本暢銷書《前世今生》大大流行，我讀完只道是催眠療法，大部分讀者感興趣的卻是輪迴轉世。問我有沒有前世，自忖即使有，他也不曾來顯靈或托夢，而我也沒有被催眠的經驗。前世姓誰名誰，我活過了半輩子從未得知，教我如何相信他？但我寧願相信有前世，理由很簡單。人一生如果只有現世，前不見古人，後不見來者，孤懸的生命沒有著落，不免單調。再說人生如果僅此平白走一遭，好也是活，歹也是活，到頭一切歸零，責任心又往那裏放？因此我盡量往好處想。

假如有前世，那他一定表現得不差，我這輩子才有機會投生為人，否則就得做畜生、變餓鬼、下地獄去了。前世種下善因，讓我此生得以為人，理當學得對前世「感恩」。同樣道理，此生為人，要想有所作為，改善現狀，盡到做人的責任，不是一個人得以實現，是要靠大家一起打拼的。因此當我們活得衣食無缺、快樂幸福時，理當學會對現世「惜福」。再說到來世，不管他是我的下輩子，還是我們的下一代，此生所作所為，總不要招致他們抱怨。我希望來世也能對前代感恩，所以我們應該留給他們一個乾淨的地球，沒有匱乏，無所恐懼，子子孫孫、千秋萬世後代永寶用。如今，當我們一舉手、一投足在種因造業之際，理當學到對來世「積德」。對前世感恩、對現世惜福、對來世積德，這便是我的三世觀。

肆、反身而誠

科學與科幻

　　我從年紀很小的時候就喜歡看科幻電影，至今猶然。印象裏這輩子看過最了不起的電影正是一部科幻片，名字叫做「二○○一年太空漫遊」。電影出現在一九六八年，也就是我上高中那一年。記得當時在臺北市的豪華戲院上映，廣告宣傳稱它是一部「新藝拉瑪體」的巨片，可以享受身歷其境的震撼的效果。為此我特別蹺課去看日場電影，竟然只有小貓五、六隻；而坐在戲院中央觀看宇宙蒼穹，果然不同凡響。印象裏全片接近兩個半小時，對白部分不超過四十分鐘，其餘全部由畫面、音樂以及無聲組成。結尾尤其玄之又玄，不知所云，但無疑為觀眾的想像力帶來最大的保留空間。此片後來列入二十世紀全球十大佳片，的確名不虛傳。而它對我最為深遠的影響，恐怕是讓我有一度立志要做科學家，以及後來走上科學哲學的道路。

　　科幻電影扣人心弦，引人入勝，真正的科學工作呢？回想當年為了「追求生命的意義與價值」，執著地報考哲學系；但是發現人文性的紙上談兵，難以滿足我那全方位的好奇心與求知欲，所以想進一步真

正動手「探索生命的現象與奧秘」，乃選擇生物系做輔系。讀生物系解剖動物、看顯微切片，倒也滿好玩的。後來發覺念生物學必須懂化學，尤其是有機化學；心想要念就念個徹底，於是冒然闖進了實驗室。有一回為了試管裏的某種醇類，我花了整整十個小時測定它的性質，出來後頭昏腦脹，終於認清科學家之夢對我而言，只不過是顛倒夢想而已。大概是補償心理作祟，當不成科學家去鑽研宇宙與生命奧秘，我就把科學本身當作探究課題；結果成為科學哲學學者，碩士、博士、教授論文完全圍著它轉。

真正的科學世界已遠，伴隨我走進中年的是科幻電影和科普讀物。我不太讀科幻小說，因為電影的聲光電化效果比較直接。倒是對科普讀物一直很感興趣，尤其是科學家傳記。我讀過最生動的故事，是去氧核糖核酸結構發現者之一華生所寫的《雙螺旋鏈》，那真是讀其書如見其人。華生少年得志，二十歲大學畢業，二十五歲做出驚人科學成就，二十九歲成為哈佛大學終身教授，三十四歲得諾貝爾醫學獎。到了六十二歲那年，他受聘為「人類基因體計畫」的領導人，仍然站在世界的尖端。我有時不免在想，如此卓越的人類，其基因一定與眾不同。此君如今已年近八十，二〇〇七年五月底率先公開自己的基因密碼，希望蔚為風氣。若能以其細胞複製一二天才繼續造福社會，豈非美事一件？看來我的顛倒夢想，一時還是無法扭轉過來。

自我生命教育

觀生死

電腦與人腦

　　一九九〇年代初期，我曾經因為配合學校人力資源的分配運用，而被編入資訊管理學系服務兩年，擔任代理系主任的職務。那年頭臺灣的資訊科技方興未艾，相關科系蔚為熱門，年輕人拼命往裏面鑽，以為考進資管系便會前途一片光明。為了讓我的哲學邏輯專長，能夠跟資訊、電腦之類學問有所關聯，我安排自己去教一門基礎科目「理則學」。起初對資訊科技幾乎一無所知的我，看見資管系專門課程中有一科叫做「數位邏輯」，便自以為是地認為它跟理則學有關。本來嘛！理則學便是邏輯，而邏輯可以符號化加以演算，這種符號邏輯我在哲學系學過，當時稱為「數理邏輯」。記得教授教給我們許多推演公式，大家算得不亦樂乎，卻完全不解其中味。如今出現一門數位邏輯，我還以為就是數理邏輯呢！

　　其實二者也的確有些關聯；不過「數位」一辭在十幾年前，並不像今天這樣無所不在地流行。後來我才搞清楚，數位邏輯是指電腦硬體電路設計的邏輯結構。電腦不像人腦的計算使用十進位，機器運用開關原理，採用二進位設計，一開一關、開開關關，就

是如此這般地運作無礙。「電腦」其實是個不完全適當的英譯，它的原意應該是「計算機」；再大再快的電腦，到頭來還是在作冗長繁複的計算，無甚神奇之處。人腦便不同了，不按牌理出牌的情況比比皆是，雖然比不上電腦精確無誤，卻絕對有趣得多。記得我到資管系的頭一年，教過一名高材生。她的聯考總分高得足以進入國立大學，卻選擇念私立學校，也就當然成為系狀元；不但躍登校報新聞人物，還拿到一筆可觀的獎學金。

這麼優秀的明日之星，後來竟然跟我一道離開資管系。我在系上待了兩年，而她則在入學後兩年，申請轉系另謀他棲。理由無他，興趣不合而已。這件事帶給我很大的啟示：對大多數人而言再熱門的科系，也可能對少數人是冷門。不少人認為像電腦資訊這類熱門的事物，如果不沾上點邊，恐怕就註定要落人之後。問題是，懂得用電腦卻不一定要靠它當飯吃。人腦是變化多端的，世界是海闊天空的，進科系、選職業不一定要跟著時髦流行走。生命裏除了邏輯推理外，還包括倫理道德和美感藝術等方面；這些屬於價值判斷的活動，電腦不一定幫得上忙。生涯規劃還是以本身興趣條件為依歸，莫要隨波逐流以致蹉跎時日。一旦我們當上老師，也應該把這點觀念教給學生才是。

科學家

　　小時候寫作文，「我的志願」一如大多數孩子，決定要做一名科學家。我進小學是在一九五九年，距此兩年前，楊振寧與李政道兩位物理學家，方才得到諾貝爾物理學獎，而且是華人世界首創記錄者。相信這便是激勵我們那個時代的兒童以及青少年嚮往科學的主因。受到這股社會風氣的影響，志願當科學家竟然內化成為我的人生價值觀一部分，而且一直延續到三十出頭。老實說，我並不太具備科學細胞，中學時代心浮氣躁，注意力難以集中；憑直覺把握的學科尚能勝任，一步一腳印的學科則無心為之。也因此數學、物理學、化學都念得很爛，唯有對生物學還保持著幾分興趣。功課差考理組當然無望，加上高中時開始迷上哲學，於是決定考文組，把科學家的夢拋到一邊去。

　　沒想到進入哲學系一開始念得並不順，老師講的跟我所想的相去甚遠，一度想打退堂鼓。上大二前我打算轉入教育心理系未果，科學家之夢又開始蠢動，便選擇生物系當輔系，結果發現全校只有我一人有此意願。我在生物系浸淫三年，粗淺嘗到科學的滋味，

雖有些許體認，但並未得箇中三昧。不過這段經歷卻在日後的哲學生涯中，產生了潛移默化的效果。不知是否補償心理作祟，我雖未成為科學家，卻走上研究科學哲學的道路，碩士與博士論文分別處理生物學哲學與物理學哲學，甚至連後來教授升等論文寫的都是護理學哲學。有一陣我還在醫學院及護理學院兼課，當不成科學家卻當上準科學家的老師，到底算不算部分實現了自己的志願？這點的確耐人尋味。

　　反思自己的科學觀，似乎一直在追隨主流價值，直到四十歲左右才有所轉折。過去我長期相信科學是客觀實在、價值中立的，後來因為研究護理學哲學，開始接觸到女性主義，因此有所啟蒙，從而步上「後科學」的道路。「後科學」意味對科學抱持批判質疑的態度，但絕非輕易否定。像我現在坐在電腦前面寫作，雖然仍然使用紙筆，但是桌上的螢幕卻不時望著我，讓我對這個無逃其中的科技世界不敢或忘。年過半百後，科學家的夢逐漸遠去，卻在無意間踏入教育學科的行列，教起教育哲學來。臺灣的教育學術沾染上深厚的社會科學色彩，研究生不是走量化的路便是作質性研究，鮮有人關心哲學議題，偏偏教育哲學成為必修課。在課堂上同一群未來的社會科學家對話，我發覺自己已經能夠秉持平常心，這或許就是所謂「主體際性」的彰顯吧！

心理學與哲學

　　我愛哲學，也嚮往心理學；考大學時，哲學系和教育心理系是我的理想志願，結果差了一個志願未上教心系而進入哲學系。哲學系必修心理學，我念得很有興趣，決定鍥而不舍轉到教心系，偏偏又因為大一國文成績差一分未轉成。這時候我對科學充滿了狂熱，便選擇生物系當輔系，同時也跑去教心系修課。大學時代就這麼重量不重質、在多不在精地選了一大堆哲學以外課程，進行我所謂「知識大旅行式」的自我教育。畢業時總共修了一百八十一個學分，足足比基本的一百二十八學分多出五十三學分，但是成績並不怎麼好看。那時候只想餵飽自己的求知欲，滿足做「雜家」的博學念頭，不曾對所學專精。逐漸開始深入思考問題，是上哲學研究所以後的事；碩士班研究心理學和生物學的哲學問題，博士班涉足物理學哲學，升教授作醫學與護理學哲學的論文，目前則探討教育學哲學。三十多年的學問生涯，幾乎可說不斷在從事「人文與科學對話」。

　　心理學確實是我年輕時代的夢想，我甚至曾經去美國念了一學期心理系，但是到頭來仍重回哲學懷抱。我終於認清自己適合做哲學思考而非科學探究，

因為我喜歡說理勝於實作。從個別差異的觀點看，年過半百的自己，還是走哲學的路徑，比較有把握並且勝任。不過這時候我卻浮現另一種想法：傳統的哲學不是無所不包嗎？後現代的哲學有沒有可能重現這種境界？長期以來，我一直欣賞哲學的博雜而非專精；我無法也不願成為「哲學家」，更不用說其他所謂「學者專家」。十二年前一腳踩進「生死學」領域，開始只不過是趕時髦、湊熱鬧，沒想到後來這門在臺灣形成的新興學科，竟然滿足了我對後現代的哲學之期望：博雜、統整、交叉，還有就是容易引起人們的好奇心。生死學近年跟生命教育結合，有助於轉化為人生哲學而發揚光大，這可說是我今後努力的方向。

透過生死學我接觸到應用心理學範圍內的悲傷輔導，身邊週遭許多學者專家都對它寄予厚望；但是有一回我聽心理學家黃光國提及，在地震災區提供服務，民俗療法往往比心理復健及悲傷輔導來得有效，使我不得不正視西方知識「本土化」的問題。這幾年由於涉足教育學，再度引起我對教育哲學和教育心理學「本土化」的反思。大量的西方理論一股腦兒潑灑在東方文化的土壤上，有沒有可能充分滋潤、灌溉我們的民族幼苗？而教出來的孩子又對民族文化有幾分認識？年歲日長，我這個長期受「西學」薰陶的東方人，不禁感到幾分隱憂。哲學本土化不是在本土教西方的哲學，而是重拾中華本土哲學的慧命。同樣道理，本土心理學除了轉化西學為本土所用外，必須在中華本土文化中掘出一道道活水源頭，方能讓學問生命和社會實踐的命脈源源不絕。

心理學之戀

　　我雖然是一個「純種的」哲學學者、「正宗的」哲學博士，但三十多年來始終不務正業，自願站在主流之外，甘於長期成為哲學邊緣人。我受過完整的哲學訓練，除此之外，正式有系統地涉獵過的知識領域，還包括生物學、心理學、管理學三門學問，目前則在從事教育學、生死學及殯葬學的教學研究工作。在這七門學科中，如果有那一科跟其他六科，都維繫著密切的關聯，那就非心理學莫屬了。事實上，我於考大學時即面臨在哲學與心理學之間猶豫不決，大一下學期很想轉入心理系，拿到哲學碩士後還曾經跑到美國讀了一學期心理系，但終究沒有走上心理學的道路，理由大概是我不想也不能做一名科學家。科學對我而言太過於一板一眼，我受過的自然科學與社會科學入門訓練告訴我，自己的確不屬於此道中人，到頭來我還是選擇揚棄了心理學之戀，回歸哲學的懷抱。

　　科學史學家孔恩說得對，沒有那一門學問像哲學一樣，可以完全靠批評別人起家。科學對自然與社會現象進行探究，文學藝術走的是創作的道路，唯獨哲學工作者是拿別人的哲學當材料來做學問，作得好不

好但憑「論證」是否嚴謹。講究「論證」是哲學界的
遊戲規則，我隨之起舞多年，總覺得很難得心應手；
自忖這套哲學工夫，還是跟自己的生命不相應。好在
於拿到博士學位九年以後，順利通過教授升等，走出
事業生涯最後一道瓶頸，迎向人生海闊天空的階段。
由於沒有太多後顧之憂，近年我開始從事哲學「創
作」，素材還是我一度心儀的心理學。只是我不再有
興趣鑽研科學心理學，反而想重新建構哲學心理學。
在我看來，哲學心理學所反映的正是人生哲學。

　　我把人生哲學視為一套應用哲學，當我發現心理
學之外也有應用心理學的時候，一度對它寄與厚望。
後來發覺作為應用心理學一支的輔導諮商活動，在
處理人生疑難雜症時，營造出相當濃得化不開的情緒
氛圍，對於我這種粗枝大葉個性，且嚮往清風明月式
「淡如水」人際關係的人而言，簡直如坐針氈，難以
消受，終於選擇敬而遠之。這讓我回想起念小學時，
聽說一位大姊姊讀的是臺大心理系，立刻嚇得不敢講
話，甚至躲到房間去，深怕自己一言一行、一舉一
動，會被「心理學家」看透。長大後我修了一大堆心
理學的課，瞭解到輔導諮商乃是「助人專業」，而非
專門看透別人內心的可怕巫術，卻仍舊擺脫不掉那種
疑懼感。仔細想想，我的心理學之戀深層意義，似乎
是想擺脫她，而非擁有她，這不能不說源自於我的某
種心理矛盾吧！

學管理

　　我學管理是困而學之，結果漸入佳境，終於快樂學習。三十五歲那年，我拿到「正宗的」哲學博士學位，發現在本行內謀得教職機會不大，乃決定到銘傳商專去教書。由於教的是五專一、二年級學生，身分其實相當於高職教師。但是頭兩年教女娃兒的無憂無慮夫子生涯，卻是我一生中最愉悅的時光。兩年後服務的學校改制升格，從商專變成管理學院，成立了九個學系。當時的校長認為系主任最好由有博士學位的教師擔任，無奈專科仍以講師為主力，學校裏專門博士寥寥可數。在人力資源青黃不接的情況下，我這個非商管系所出身的文科博士，竟被委以代理系主任一職，接掌校內科技性質最強的系——資訊管理學系。我在系上一共待了兩年，專業部分由老師共同討論解決，行政部分則盡量協調處理；雖然是外行領導內行，倒也一路相安無事。

　　到資管系服務，使我對電腦世界大開眼界。十六、七年前尚未流行網際網路，但是把電腦用到管理方面，已屬不可避免的趨勢。然而對於一個終日在書齋中談玄說理的象牙塔型人物如我，無論是資訊還

是管理都覺得陌生，甚至遙不可及。我當初以為代理職務只有一年，並不覺有大幅投入的必要，沒想到還要續任一年。校長甚至好意建議我去在職進修，結果讓我一腳踏進十分陌生甚至有點排斥的商管領域，不料世界竟然意外地對我多開了一扇窗。還得記三十八歲時，我頂著博士和副教授頭銜，到政治大學企業管理研究所進修科技管理。接近中年，能夠再回頭當學生，格外覺得應該珍惜，也令我相當投入。我前後念了三年半，幾乎把所有的管理知識學過一遍，可說對組織管理有了初步的全面認識，對日後立身行道大有助益。

　　早年考大學選文科而非商科，多少有些士大夫心理作祟，總認為讀聖賢書是為了安身立命而非賺大錢。十幾年下來，聖賢書並沒有讀通，僅能拾人牙慧地靠教書講課謀生糊口。在大專院校當老師，圖的只是一份自由自在，未想竟多次兼任行政職務，成為學校組織的管理者。偏偏我既不愛管人，又不喜被人管，終不適管理的角色。倒是學了幾年的管理，對別人的管理作為，可以仔細品頭論足一番。平心而論，在工商業發達的今天，各行各業的從業人員，都應當對組織管理有所瞭解，不能光憑經驗辦事。學管理賺不賺錢倒在其次，把事情做對和辦好才重要。因此我認為應當將管理理念納入通識教育，在高中職和大專院校內推廣普及。尤其是近年連政府機構和非營利組織，都要積極向企業管理取經，就可以發現這已是大勢所趨，管理知識人人不可不知。

觀生死

媽祖婆與卓文君

　　十幾年前我在當時的臺北護專兼課，講授人生哲學；而全校只有護理科一科，三專男女兼收，但是每班男生都寥寥可數。記得他們一年級下學期就要到醫院實習，有些男同學被分到對面的臺北榮總，老榮民一見護士也是男的，便拒絕接受服務，讓同學備感挫折。我有時會開玩笑地說，男護士將來的出路，大概只有進精神科一途，竟嚇得他們想休學重考。為了安慰這些少數族群，有天我趁著風和日麗，帶領全班校外教學，穿過榮總院區，去爬後面山上的軍艦岩，一覽臺北盆地風光。我們在青山之上「與天地合其德」，想藉機討論人際相處之道。在岩頂回頭一望，發現臺北市的示範社區威靈頓山莊即在不遠處，想起裏面還有一間遠近馳名的「情人廟」，我決定率眾男女生前往一探。

　　香火鼎盛的情人廟我曾去過兩回，一次是大學時班上同學郊遊，覺得很新鮮；一次是讀研究所時帶女朋友同往，心裏很嚮往。事隔十五年再度登臨，發覺景物依舊，「神」事全非了。原來的情人廟稱「照明宮」，是由華僑出資興建，供奉古代偉大情人司馬

相如和卓文君。卓小姐家世甚好，但十七歲便不幸守寡。後來遇見文學才子司馬先生，兩人一見鍾情，結為連理，卻不見容於家人，只好外出謀生，以賣酒為業，至今四川仍有文君酒傳世。好在先生有出息，日後做了大官，兩人總算修成正果；卻沒想到兩千多年以後，在臺灣竟變成了情人頂禮膜拜的神明。但是情人廟又不知得罪了何方神聖，被人告進官府，指為違反善良風俗的「淫祠」，限期拆除。廟方只好改名「照明寺」，連神明也換上媽祖婆。

媽祖雖然神通廣大，畢竟還是未曾婚嫁的小姑娘，如何能取代歷經滄桑的老情人？我不禁悵然。後來上課時，我把早年抄在日記裏的兩首詩念給同學聽，大家都心有戚戚焉。這是我分別從情人廟的臺階前和石壁上「下載」的，無疑是有意義的情意教育教材。其一為：「情人雙雙進廟來，不求兒女不求財；神前跪下起個誓，誰先變心誰先埋！」其二為：「情人雙雙進廟遊，地久天長暗中求；神像前面許個願，變心也做好朋友。」前一首代表傳統的兩性關係，講究從一而終；第二首反映當前的男女情緣，希望好聚好散。如今當我們翻閱報紙、打開電視，不時看見層出不窮的情殺和殉情事件，這次第又怎一個「情」字了得？情人廟的勸世詩帶給我們一份啟示：「愛」的相對面乃是「不愛」，並不一定要用「恨」解決問題。一旦有人變心，即使不做朋友，也可以視為陌路，又何必以仇家相待？

自我生命教育

觀生死

瞭解與包容

　　說我跟女人無緣，此話大概不假。不但是我自己，連我整個家都呈現陽盛陰衰的局面。我們這一代目前連我有五個男生，唯一的姊姊在我出生前即已過世。我不曾生兒育女，而我的四個兄弟總共生養了九名壯丁；如今我已榮登叔公，連第三代也是五個男孩。印象中小學時的女同學不是很笨就是很兇，當時生命裏唯一親切的女人只有母親。初中、高中讀和尚學校，女生成為牆外遙遠的故事。大學念哲學系，班上女生比男生多，一時竟無法適應，就這麼糊裏糊塗愛上坐在旁邊的女生，然後談了一場來得快去得也快的戀愛。這便是我的兩性關係啟蒙事件。其間還曾有過一段愛情長跑，跟學妹從交會點到平行線，繼而漸行漸遠，一共走過五年半，終究演成人生的寶貴經驗和豐富回憶。

　　三十出頭的我，在老同學及其妹妹的熱心穿針引線下，居然就這麼成了家。剛開始的感覺很奇特：桌上多了一雙筷子，床上多了一個人，生命裏多了一份牽掛。說起床笫間事，我告訴讀者朋友一件小秘密：我跟太太同床共枕但不同被，原因是我們的體質

有異。我怕熱、怕悶、怕壓，即使是冬天也不喜蓋厚被，形成雙人枕頭兩床被。別看這種小事情，當初溝通起來還真不容易。男女在一起溝通有著太多的言外之意、弦外之音，必須慎思明辨。我是個教書匠，生命情調傾向追求真理；太太為設計師，一心嚮往美感世界。過去兩人的價值觀經常扞格，直接原因是我起初完全不重視外型衣裝，令她這學服裝設計的太太深覺受辱，甚至不願意跟我一道出席正式場合。

如今二十二年過去了，情況雖然稍有改善，但是我的體型卻已變化得不適合任何稱頭的衣裝。一切雖仍屬徒然，但我們卻學到瞭解與包容。事情會有所變化，沒有什麼是一成不變的，生命中有些事情還會從量變到質變。夫妻相處久了，許多體驗感受都了然於心，自然會產生退一步海闊天空的豁達。像我過去總是嫌太太多事、嫌媽媽嘮叨，後來逐漸察覺到，她們都各有為我所不知的心靈角落，因此嘗試去多所瞭解。而即使我難以理解，也盡量學會包容。像老母擔心孤單無人照顧，太太擔心退休會挨餓。人嘛！居安思危、未雨綢繆是應該的。年輕人大概很難想到這一步。但是能夠多培養瞭解與包容的生活工夫，自己和別人的生老病死，也就容易加以安頓了。

一念之間

　　十餘年前有一部翻譯小說在臺灣大為暢銷，連改編的電影也非常賣座。小說叫《生命中不能承受之輕》，電影叫「布拉格的春天」。無奈流行就是來得快去得也快，雖然它前後流行了兩回，但是問問今天的大學生，幾乎沒幾個人讀過它。我對這部小說印象深刻，是因為作者觸及了生活的本質：任何事情都只發生一次，久之自然成為生命中不能承受之輕，可有可無，許多人便就此從眾媚俗地活著。問題是任何發生一次的事件，都可能影響深遠。小說中男女主角，因為六個偶然事件而相遇，終於在大時代的背景中，成為同命鴛鴦。孔子說過：「盡人事，聽天命。」任何事情的發生，有外在環境的條件，也有內在意念的因素。我們一念之間的決定，往往深遠地影響個人生活史。

　　記得我年輕時曾同時考上高中和五專，只因為五專錄取的是臺北工專「礦冶工程科」，我誤以為要下坑挖礦，望而卻步。一念之間選擇念成功高中，有較多機會讀雜書；通過自我教育，進行「存在抉擇」，結果大學念文科，三十餘年後的今天更教起生死學。

我有時不免會想，當時若一念之間選擇了工科，不知今夕是那般生涯？結婚多少也有點這種味道。二十四年前，我最要好同學的妹妹說要幫我介紹女朋友，也就是她最談得來的同事。我那年三十出頭，和前任女友分手近兩年，本想打一輩子光桿。但既然有人熱心撮合，便抱著姑且一試的心情去約會。如此交往了一年半載，彼此都沒打算立刻定下來。後來因為她表示不一定想生小孩，讓我感到覓得知音的喜悅，一個月後就結婚了。

　　我有四個兄弟，家裏沒有傳宗接代的問題，獨身或做頂客族一切隨緣，終究成為後者。事實上我並非不喜歡小孩，只是成長過程中一念之間，覺得世間是苦海、是火宅。讓一個生命來到世界上，在無常中載沉載浮，多少算是造業。不種因，不結果，自己的職業是教師，得英才而教之亦一樂也，不必然要享天倫之樂。讀者朋友們，何不嘗試去回想你成長至今，有幾番重大決定是成於一念之間？這些決定現在看來是否明智？如果一切尚稱允當，就不妨擇善固執地走下去。畢竟人的一生，正是通過無數大小選擇編織而成的。俗話說：「失之毫釐，差之千里」，一個不甚恰當的選擇，到頭來可能導致大問題，而再回頭已百年身，由此可見擺脫媚俗、擇善固執何其重要！

得失寸心知

　　為了持續著述，我有空便伏案振筆疾書。「文章千古事，得失寸心知。」念哲學的出路似乎只有兩條：耍筆桿及耍嘴皮，兩者我都做過，如今兩者都在做。回想退伍後我到雜誌社當了三年記者，靠耍筆桿爬格子維生；一九八四年考上博士班，開始在大學教書，一教至今二十三年，多半是在耍嘴皮、吃粉筆灰。教書生涯中，有相當長的時間，我為了學術研究和升等要求而寫論文；除此之外幾乎不太愛動筆，大概是缺乏動機吧！七年前一次偶然的機會，雜誌社的老同事邀請我為報紙寫專欄，又勾想久蟄的寫作欲望。後來看見自己的作品被結集成書，竟有一種莫名的滿足感。教了二十多年的書，學生的回饋固然帶給我歡愉；但那畢竟是過眼雲煙，稍縱即逝，反倒是白紙黑字來得充實些。

　　家父和家叔都是業餘作家；九十二歲去世的家叔鈕先鍾，以戰略學者著稱，更可說是著作等身。他有一次對我說：「寫作要學會坐冷板凳。」意思是寫作是一條相當孤寂的道路。我謹記在心，對成為作家之事戒慎恐懼，不敢輕言嘗試。但是當自己年過半百之

際，卻不禁躍躍欲試，乃決心少教書多寫作，讓生命從講臺後回到書桌前，以紙筆伴我終生。寫教科書發揮我的專門知識，固然如我所願，但卻不免窠臼。所幸生死學乃是「生命的學問」，其中仍有很大的發揮空間。不過我始終夢想要寫小說，或許是體驗不足，兼而資質缺乏，至今除了年輕時寫過兩個短篇外，完全不知該從何處動筆。想想還是先在教科書和雜書之間暫時安頓，待時機成熟再努力圓夢吧！

　　我不是夜貓子，但是喜歡夜深人靜時心情沉澱的滋味，然而這種體會有時卻被陣陣貓叫打斷了。也許是春天降臨吧，貓兒們受到本能的驅策紛紛出來擇偶，以達到傳宗接代的目的，想必也是天經地義。貓狗之屬除了被人抓去閹掉外，沒有不想遂行「天道」的。唯獨人類會設法自行避孕、絕育或墮胎，以遂行「人道」目的。這是否一種戕天造作之舉，我不敢妄加定論，但是人有能力為之卻毫無疑義。人生在世，有相當程度的自由意志，可以對切身事物加以選擇，像有人選擇節育，我選擇寫作等等。事在人為，事情有時也繫於人的有所不為。著名作家林語堂先生把自己的書房題名「有不為齋」，以示「有所為，有所不為」之意。朋友們在成長過程當中，及早學會如何「有為有守」，是十分迫切而重要的。

遠離顛倒夢想

　　二〇〇三年春假我在家中寫書，累了就打開電視漫無目的地瀏覽著，卻發現整天都在播三條新聞：伊拉克、煞死、張國榮。烽火連天的畫面，讓我想起念高中時，某天邊吃晚飯邊看電視，螢光幕播出當天上午發生於越南戰場的廝殺鏡頭，飯後我在日記裏寫下「未來可能會出現的現場轉播戰爭，將是人類文明最大的諷刺」等字句，沒想到預言後來竟然全盤兌現。至於傳染病「煞死」蔓延，除了讓我在口中喃喃自語外，卻不知道該如何防治是好。倒是張國榮縱身一跳，激起華人社會一陣漣漪，驚嘆聲不斷。有一個畫面最令我感觸良多，那便是同為香港著名藝人的鍾鎮濤，接受訪問追念好友。而就在這不久以前，人財兩失的鍾鎮濤從離婚、破產中重登舞臺，為的就是償還那幾輩子也還不清上億元的債。相反地，張國榮選擇離開，卻留下幾億港幣遺產。

　　這兩位名人的遭遇，印證了一句名言：「錢是身外之物。」鍾鎮濤失去那麼多錢決心再賺，張國榮擁有那麼多錢卻揮手一擲。看見新聞報導我還突發奇想，認為後者如果早已決定自殺，何不留點遺產給老

朋友，助其度過難關。這雖然是一句笑話，卻透顯出世事無常的真諦：擁有與失去，全繫於一念之間。自殺無疑是一種最直接、最弔詭的生死抉擇，因為當事人直接決定了自己的命運；而一旦結束生命，卻對自己作成決定的結果無法親自評估。這正是哲學家叔本華對自殺的看法。叔本華雖然天性悲觀，卻對自殺持保留態度。他從邏輯的角度去分析，認為想自殺的人相信生不如死，於是決定自我了斷。如果自殺成功，卻發現死不如生，則後悔莫及。

　　叔本華讓我們看清自殺是一條不歸路，在踏上這條不歸路之前，應該先盤算一下「留得青山在，不怕沒柴燒」的可能。換句話說，當事人其實可以拿自殺的勇氣，去迎接生命的挑戰，勇敢地活著。這便是「退一步海闊天空」的道理。我相信每個人在一生中，都可能會出現自殺的念頭，我自己就曾經有過這樣的經驗。那是在重考大學的一年，得知好友在軍中自戕，讓我的情緒陷入一段相當長的低潮時期，覺得人生乏味，考試更是荒謬。只是我這個人個性上傾向優柔寡斷，一直拿不定主意，為選擇那一種死法比較不痛苦，就這麼一路蹉跎到走上考場。考上哲學系以後，我還是不斷對自己的存在感到困擾，繼續嘗試用學問知識去解套，結果活到了今天。

人性與人格

　　我的思想啟蒙教育不是誦記「人之初，性本善」的《三字經》，而是有注音符號的中國古典小說改編故事書，以及以古裝人物為角色的漫畫書。小時候陪伴母親去票房練京劇，還經常上劇院看戲，到如今我還記得一些小花臉丑角的臺詞。在我的成長過程中，「中華文化」不是以道貌岸然的老夫子形象出現，而總是在一些稗官野史或者怪力亂神的世界中流露。讀初中時沉迷於集郵，甚至於在高中聯考前夕，還狂熱到大清早去郵局門口排隊，買第一回發行的「清明上河圖」郵票。高中以後注意力轉移至當代文學作品，跟兩個志同道合的同學，到各大小圖書館和牯嶺街舊書攤去挖寶。印象裏我大概遍讀了政府遷臺後二十年間，所有刊行的長篇小說。然而就在同時，一種西方流行思潮源源不絕地流進我的生命，終於讓我決定投考哲學系而非中文系，那就是存在主義。

　　老實說，我讀哲學系並非為了標新立異，但的確是嚮往特立獨行。我始終不相信有普遍共通的人性，更希望彰顯自己的人格特質；這使得我一開始對哲學中的倫理學不感興趣，反倒是被屬於科學學科的心理

學所吸引。加上我對身上這幅臭皮囊不甚滿意，更為不能自已的胡思亂想所苦惱，就讓我有心對生物醫學和精神醫學的議題多所瞭解，目的只不過想使自己從顛倒夢想中解套。這些原本為了不滿自身現況的知識探問，到頭來竟因為我在其他方面無能為力且一事無成，而順水推舟般地把我導入學術教育的途徑。但是我在大學中教學研究二十餘年，很慚愧地確定自己根本稱不上學者專家，更非稱職勝任的教師，一切只不過是個體人格特質與外界現實環境的互動流轉而已。

在東西方哲學史當中，我最心儀的兩位哲人乃是莊子和叔本華。他們的立身行道，不見得符合大多數人認同的倫理道德人性標準；但卻不失其真性情人格特質，成為千百年來的幾顆明亮孤星。歷史不應只是由帝王聖賢所造就，我們每一個人都可以為生活中的點點滴滴當家作主。用近年流行的話說：「走自己的路！」但是一個人若想走出自己的路，其實並不容易。因為它的真正意涵並非「我行我素」，而是「存在抉擇」；也就是把人生責任一肩扛，讓命運操之在我，不假手他人。後現代社會的特徵之一，乃是多元價值的被肯定，於是許多人開始追求「個性化」。個性化正是自身人格的反映與體現，但不一定成熟。成熟的人格理當作出深思熟慮的特立獨行，不是媚俗地追逐時髦流行，而是學會孤單走自己的路，並且享受獨處之樂。

破執

　　我是一個相當執著的人，經過多年觀察比較，我確定這跟一個人的個性有關。古希臘人曾經把體型和氣質加以對照，歸納出人的四種個性：膽汁質、黏液質、多血質、神經質。我無疑應該被歸類於神經質一型，患得患失，坐立不安，從小到大都神經兮兮的，沒有安全感。唯一跟希臘人說法不同的是，神經質理當體型瘦長、愁容寡言，我卻大腹便便、嘮嘮叨叨。後來仔細一想，我是因為焦慮而好吃，為掩飾焦慮而好說，沒想到卻成為靠嘴皮吃飯的老師。當老師是一種「演藝事業」，必須揮灑自如，不能拘泥執著。經歷二十多年的磨鍊，我確實已經習慣於站上講臺，海闊天空地高談闊論；近年甚至喜歡在白紙黑字間舞文弄墨，但我很清楚自己並未因此「破執」。

　　臺灣俗諺云「一種米養百樣人」，道出了「個別差異」無所不在。年輕時我執著地認為自己處處不如人，後來不禁迷惑，到底要跟誰比？誰才是我的榜樣？不是有句話說「人比人，氣死人」嗎？想想也就沒啥好比的了。然而如此一來，又有人說我沒上進心，要我學著跟自己比；結果我嘗試了一陣，發覺此

事著實困難。回想自己一路行來，大多是在學校中發展，不是做學生就是當老師。過去聯考當道的時代，我幾乎什麼都考過：初中、高中、五專、三專、大學，每戰必役；一旦念起哲學，似乎只有碩士班、博士班步步往上爬。三十五歲學成正式當老師，不久發現還有一道「升等」的關卡有待突破，於是又埋首拼了幾年。如今這一切都變得事過境遷，竟讓我覺得有悵然若失之感。

　　仔細反思，失落感不正意味我仍然有所執著嗎？我自忖沒有宗教徒那種放下、捨得的慧根，乃決心逆向操作，盡可能去發揮我的「神經質」。這種個性上的特質，一度讓我陷入「精神官能症」，也就是俗稱的「神經病」。印象裏我始終有著程度輕重不一各式各樣的「強迫觀念症」，有些事非做不可，有些話不吐不快；開始時深覺苦惱，近來卻逐漸習慣與之和平共存。我終於領悟到，必須接受一個不完美的自我；凡事順其自然，包括適應我自己的執著。刻意去打破這些執著，反而容易陷入另外的執著。執著多少屬於人心意志的體現，反映出一個人的本能欲望。我們很難做到棄絕欲望，卻可以學得清心寡欲。寡欲優於無欲，歸隱勝過出家，我想這正是道家比佛家高明之處。

觀生死

三十不惑

　　在終身學習的號召下，秉持著有教無類的信念，二十餘年來，我從事教學工作可說是真正的「全民教育」。我的教學園地從完全不設限的社區大學到研究所博士班，對象從十幾歲的專科生到六十出頭的小學校長，題材從通俗的兩性關係到尖端的基因科技倫理。每個禮拜跟不同年齡卻同樣好學的朋友相互切磋，讓我充分享受到教學相長的樂趣。我跟學生相處盡量做到亦師亦友。五倫中「朋友」原來的意思，很接近今天的同學關係；《論語》不是說「獨學而無友，則孤陋而寡聞」、「以文會友，以友輔仁」嗎？我的母校輔仁大學的「輔仁」二字，即源自《論語》的說法。傳統上朋友乃是進德修業的伙伴、一起學習成長的伴侶，不像現在那樣廣涉吃喝玩樂。不過我覺得有必要一方面重新提倡「朋友」的原意，另一方面擴充「兄弟」倫常的內涵。

　　一同學習的同學，雖然像是「朋友」；但更恰當的關係，似乎是五倫中的「兄弟」。時下年輕人喜歡認學長姐、學弟妹，朝夕相處的同學，的確比手足關係還要親近、密切。事實上，學習乃是一輩子的

事。在政府不斷提倡「知識經濟」的努力下，臺灣於新世紀已經步入「知識社會」。「活到老，學到老」的呼籲，顯示了終身學習的重要；至於「學到老，活到老」的期待，則反映出不進則退的壓力。的確，唯有不斷學習成長，方能因應層出不窮的變局。像在經濟不景氣的情況下，有多技之長的人就較僅有一技之長的人，更能安度難關。學習成長的自我期許，兩千五百多年前的孔老夫子，已經做了最佳規劃：「吾十有五而志於學，三十而立，四十而不惑，五十而知天命，六十而耳順，七十而從心所欲不逾矩。」

　　然而及至今日，由於時代社會不同，其中的要求可能需要稍作調整。以目前的學生而言，十五歲國中畢業，義務教育告一段落，但學習卻不能就此打住；何況政府已經開始推動十二年基本教育，把高中階段也涵蓋進去。從高中到大學教育循序漸進，而大學前兩年多屬通識教育。大三選定專業興趣立志走下去，可視為二十歲成年時的重大抉擇。學成後就業，有時不免面臨換工作甚至改行轉業，但到了三十歲理當確定方向勇往直前，沒有舉棋不定疑惑的餘地了。如果三十歲能夠不惑地開創事業契機，四十歲上下大致可以預估出，往後十幾二十年的可能性與限度。所以我提出「二十而立，三十不惑，四十知天命」的新型生涯指標，希望自我實現的道路能夠及早開跑。各年齡層的朋友們，你做好準備了沒有？

感恩與惜福

　　有天我帶領一群修習教育學程的同學，去參觀桃園啟智學校，以印證他們在「特殊教育」一科的課堂所學。整個上午與特殊學生的實際接觸，同學們體認到，一些患有自閉症或唐氏症的孩子是多麼「與眾不同」。參觀結束前，我對此行下了一道結論：希望同學莫以一概而論的「平常心」，去看待特殊學生；而是要用獨一無二的「差別心」，去善待每個有情眾生。在回程的路上，我想起多年前去參觀臺南教養院，所受到的強烈心理衝擊。據說啟智學校的學生大多為中度智障，尚能與人相處；而教養院的院生則屬重度智障，完全無法進入社會，只能在教養機構終老一生。問題是這些孩子生下來，大多是父母的心肝寶貝；卻只因為心智功能不健全，而註定要受到特殊待遇。早知如此，父母是否會選擇不生？

　　像唐氏症寶寶，生來就長得一副國際面孔，走到那兒都可以辨認出來，但是誰又知道他們喜憨模樣背後的心路歷程呢？至於自閉症患者，有人說他們智慧過人，卻為何不能與一般兒童享受快樂的童年呢？面對特殊學生的遭遇，使我更肯定「一種米養百樣

人」的真義。倫理學倘若無法處理個別差異的問題，就不容易引起人們把它認真當一回事。所以我傾向主張「關懷倫理學」，用愛心去貼近每一個受關懷的個體，把倫理道德教訓轉化為人際關係實踐。不過人際關係的實踐，可以有直接與間接之分：每個人都必須捫心自問，自己適合走那一條實踐道路。像我自己的毛病是對孩子沒有耐心，因此不宜擔任中小學教師；而好為人師的不停說教，卻讓我走上大學講壇，教起未來的中學教師。

記得有回學生問我對「三世因果」的看法，答以對前世要「感恩」，對現世要「惜福」，對來世要「積德」。事實上「三世」可擴大解釋為過去、現在、未來所有的人類，甚至一切有情眾生。我珍惜此生成為一個具有靈明自覺的人，對前人智慧結晶虔敬地學習，並且希望為人類子子孫孫留下點什麼。前人智慧中有關宗教的部分，我當作心靈深處的感動，然而希望「存而不論」；至於有關科技的部分，則當作教學研究的事業方向，對其進行不斷地反思與批判。我念哲學至今三十四年，研究方向圍繞著「科學哲學」、「應用哲學」發揮，對於像生殖科技之類議題，我的一貫看法是：「本來無一物，何處惹塵埃？」但是它畢竟已經形成為既有的現實，哲學家只好盡量去釐清問題的來龍去脈，好讓世人能夠具有更周全的參考架構以真正解決問題。

撈過界

　　我生長在一九五○年代的臺灣，求學過程和許多「四年級生」相去無幾。「四年級」是指「民國四十年代」出生的臺灣居民，我們念的是「國校」而非「國小」、是「初中」而非「國中」。初中至高中時代大陸發生「文化大革命」，同年齡層的人大多去當「紅衛兵」，我則成為「牯嶺街少年」，流連於舊書攤以滿足我的買書欲和讀書癖。「牯嶺街」是臺北市一條以舊書著稱的街名，附近平行的馬路稱為「南昌路」。二○○五年初我去南昌開會，會後上廬山賞雪，住在一個叫做「牯嶺」的小鎮，才曉得這些都是江西省的地名。開卷有益，牯嶺街的舊書開啓了我中學時代的自學方案，大學以後則善用學校的圖書館。書讀慣了、讀多了，出來找工作也傾向與此有關；我的正式工作只有兩項：在雜誌社當編輯、在學校教書。

　　教書總共近二十五年，開頭有幾年教高職和五專生，後來則在大學及研究所。我一向鼓勵學生培養多元興趣，最好在學習過程中不斷「撈過界」。現在仔細想想，這個「界限」其實正是由課程設計和分科教

學所塑造的，它一方面帶來教學的方便，一方面卻限
制了學習的興趣。像我就屬於興趣廣泛的人，很喜歡
追根究柢。大學念文科的哲學，是為「追尋生活的意
義」；選理科的生物學當輔系，希望「探索生命的奧
秘」；就業後在職進修讀商科的企業管理研究所，則
可視為「擴充生涯的發展」。我的學生身分，一直到
四十一歲才告一段落。現在回想起來，除了學商是為
了工作需要外，其餘都是基於內在的求知欲望，而自
發地撈過界；而即使是被動去學習的商科，也讓我感
受到世界多為我開了一扇窗的喜悅。

　　我們這一代是成長於一個強調二分的世界裏，
無論是資本主義與共產主義、臺灣和大陸，甚至文科
和理科，都是壁壘分明、不得越雷池一步的；曾幾何
時，大陸成為拼命邁向市場經濟的繁華社會，兩岸也
已非正式展開直航，至於大學的跨組考生更是不乏
其人。這些現象都證明，沒有什麼界限是不能被超越
的，關鍵在於人心；一旦我們受制於既有價值觀念，
跳不出原來的窠臼，當然沒有辦法撈過界，也無緣享
受海闊天空的美麗境界。不過人生在不斷追求撈過界
的突破之餘，也必須以自知之明反身而誠，找到本身
賴以立足的根本基礎。像我雖然涉足人類三大知識範
疇，到頭來卻認清自己不適合做科學家，從而安於哲
學思辨與詮釋。此外個人三十餘年來對西方文化的嚮
往與追求，也逐漸朝本土轉向。這一切可說都是撈過
界「嘗試錯誤」的結果。

走上
師範之道

　　我是個很不用功的孩子，小時候從未想過要當老師，但也像一般小孩子那樣，幾乎把老師的話當做聖旨。「老師說」在小小心靈中何其偉大！何其重要！相信這是許多人成長經驗中不可磨滅的印象。從三歲進幼兒園小班，到二十四歲大學畢業，我的受教過程比別人多花兩年。別人高中階段念三年，我卻前後挨了五年；當然我可以說自己在追尋人生定位，事實卻是高中和大學各考了兩回。回顧一生，我的確可作為「一考定終身」的鮮活見證：初中、高中、五專、三專、大學、碩士班、博士班等各種升學考試無役不與，印象裏彷彿只有高職、師專及軍警院校沒有考過，否則真的堪稱「十全考生」而無愧。考試對於年輕的我而言，就等於一個接一個的人生奮鬥目標。因此當我拿到博士學位那天，竟然產生幾分失落感。

　　我的不用功是針對學校課業而言，事實上我從小就是個以書為伴的孤單讀者，沒有人可以分享，也不善於跟別人討論。一向喜歡閉門造車的我，日後走上哲學之路，並不令自己感到意外。畢竟抽象的玄想可以滿足我漫無邊際的遐想，結果則是越發遠離現實

了。平心而論，當老師這條路多少有些「出世」；想想自己除了當兵和做事共五年外，生活圈幾乎都脫離不了學校。過去人們常說，就業是「離開學校，踏進社會」；而我踏進社會的正式工作，卻是回到學校當老師。說穿了當老師並不困難，書讀得多，拿到學位就有機會任教；但是要當老師的老師，恐怕就不是那麼容易了。從事師資培育工作，過去我確實不曾想到過。尤其師資培育的前身是師範教育，我小時候家住在臺灣師範大學後面，連當老師都不敢想，更何況從事師範教育。

然而事情往往不在自己有限的設想範圍內。年輕時想過要拍電影、當醫生、做科學家，結果考進最冷門的哲學系。班上五十個同學，只有六人畢業後繼續走哲學的路，到頭來全都成為大學教授。看來念哲學不會算命，大概只有走上教書一途。在我看來，大專教師不如中小學教師之處，便在於絕大多數完全沒有受過師範教育。其實好的學者不一定是好的教師。最近幾年因為擔任師資培育教師，讓我有機會接觸到教育學，因此能夠對本身從事了二十幾年的教育工作加以反省，從而發現自己根本稱不上是一名好老師。原因是我只顧著自己在講什麼，卻未曾在乎學生們在想什麼。我不善於與人分享和溝通的個性，並未因當上老師而有所改變，不過卻在當上老師的老師而浮現出來。今後除非我能改弦更張，否則對未來的教師並非好的示範，也許只能算是負面教材吧。

觀生死

教育哲學與哲學教育

　　雖然當前的大學錄取率高達百分之九十七，但是念大學並不敢保證一定就業；而即使一名大學畢業生順利就業，也難說一定能學以致用。我所謂「學以致用」，最起碼的是「靠本行吃飯」，進一步則是「在本行內就業」。尤其是當老師，本行與非本行分得清清楚楚。說來也奇怪，中小學教師證是分科的，因此一個人可以領幾張教師證；大專以上卻只有依職級劃分，像我共有講師、副教授、教授三張教師證，卻都不曾指定教那一科。如此一來，彷彿中小學教師為專才，大專教師則個個是通才。事實也是如此，因為中小學教師一定得修足教育學分方得任教，大專教師卻只需要碩士以上學位便得登臺授課。看來大專教師在「當老師」這一方面，還真的比中小學教師「外行」許多。

　　說到本行，我的本行是哲學。人們常說文、史、哲不分家，但是在我的經驗和感受中，念哲學和學文史彼此的際遇，可說是天壤之別。就以當老師為例，如今中小學九年一貫課程中，文史學者至少在語文與社會兩種學習領域內，始終派得上用場，哲學學者則

非得到大學層級才有揮灑空間。記得我剛拿到哲學博士後，是教五專的公民、四書和三專的國父思想，這類共同必修課程似乎都跟哲學沾上點邊，哲學在其中卻又顯得十分邊緣化。好不容易登上大學講壇，在通識教育課程中尋得一塊棲息之地，拿沒有太多養分的哲學科目，去餵飽大學生的營養學分。從我正式擔任教職以來，一共教了九年哲學方面的通識課程，又花了四年時間去開發新興的生死學，然後奇妙地踏入師資培育系所講授「教育哲學」一科，得以重拾哲學的慧命。

「教育哲學」雖名為哲學，卻是不折不扣的教育學分支；哲學系很少教到它，師範教育和師資培育則絕對少不了它。尤其近年臺灣的師範教育已完全轉化為師資培育，無論是否為師範校院畢業生，想當中學以下教師，就一定得參加檢定考試。教育哲學拜檢定考試科目十六分之一比例之賜，竟然使得準老師們不得不正視它的存在，也使得我意外地從「靠本行吃飯」，勉強進階到「在本行內就業」。說教育哲學是我的本行不免慚愧，因為我乃是半路出家、困而學之的。幸運的是，在經歷六年的醞釀和薰習之後，我已經漸漸對教育哲學產生了相當的理解與興趣。當我站上講臺向未來的老師介紹教育哲學時，除了希望幫助他們順利通過檢定考試以取得教師資格外，還打算盡可能地創造一些哲學教育的附加價值，畢竟這是一們難得受人正視的哲學課啊！

學以致用

　　我們這個時代和社會，長期以來一直迷漫著「學以致用」的觀念，以至於大學熱門科系，都屬於實用方面的學問，例如醫學、法律、電機、資訊、傳播、外文等等。而我在三十四年前選擇進入的哲學系，則是一般人眼中最冷門的科系、最沒有用處的學問，註定要在聯考排行榜上吊車尾，敬陪末座。我執著於念哲學，也終於考取哲學系；記得當時父親只説了一句話：「你將來得靠自己了！」言下之意似乎質疑我能自力更生，剛開始的確連我自己都沒有把握。我一直念到哲學碩士才去當兵，退伍後找到的工作卻是在雜誌社當記者，而且是跑影視新聞，跟哲學一點都沾不上邊。演藝圈的風花雪月，在我看來直如鏡花水月，三年下來似乎一場空；唯一退路為回頭去讀博士學位，將來還有機會當老師。

　　拿到哲學博士時，我已經三十五歲。好不容易找到一份專科學校專任教職，教女娃娃國文、公民和三民主義；學了十年的哲學，仍然派不上用場。説到學以致用，過去我相信哲學可以幫我找到人生的意義和價值，這無疑是一種「大用」，但是書念得越多心裏

卻越困惑。後來我靠鑽研哲學取得學位，得以謀生糊口，算得上是實際的用處；卻覺得人生稍可安身，仍未能立命。不久專科升格為學院，大學生需要選修一些通識課程，終於使得多年所學有機會拋頭露面。無奈枯燥無味的哲學，不易勾起學生興趣，讓我覺得眼高手低、力不從心。正在青黃不接之際，一位身患癌症的哲學前輩傅偉勳，在臺灣推出了生死學，大作成為暢銷書，談生論死一時蔚為流行。我見機會難得，立刻披掛上陣，也開始在大學講堂上大言不慚地高談闊論，傳授起生死學來了。

我自一九九五年開始教通識課程生死學，後來更將之發展為專門課程，至今已有十二年；孤燈之下捫心自忖，終不免汗顏。我活得既不精彩，又未曾大死一番，有什麼資格在後生晚輩之前暢言生死？若說學以致用，教生死學或可視為我在減少和降低自身死亡焦慮的一種心理轉移與昇華。老實說，年歲越大，生命的不確定感也就越強烈；我不斷講授和書寫生死學，似乎是在進行某種自我治療，以化解我的顛倒夢想。如此看來，近年我從生死學走向殯葬學，多少意味著我對「後事」的執著。開始我也像一般社會大眾一樣，對殯葬業者抱持著刻板印象，認為他們唯利是圖，很擔心自己入土不安。但是近年情況有了很大改善，而個人參與置身其中，竟然能夠使得上力，還真有點學以致用的味道。不管是生死學還是殯葬學，身為學者若真的有所貢獻，大概可以死也瞑目了。

閒雲野鶴

　　我小時候住在臺灣師範大學後面，不時到裏面玩耍，卻不敢想要當老師。因為我在學校看到的老師都是不苟言笑、道貌岸然的老夫子，除了一位漂亮的女老師是例外。初中時我搬到臺北師專附近，每天經過師專校園，被它那古樸的建築所吸引，竟然興起報考的意願。但是受到家人「小學考初中、初中考高中、高中考大學、大學考留學」的刻板觀念影響，我決定循「正軌」一路考上去，結果也差不多實現這一系生涯規劃；只是我的留學生涯半途而廢，回到臺灣來讀博士。當年讀完博士似乎僅有教書一途，而我也如願一畢業便謀得大學教職。大學是學術殿堂，教師除了有教學責任外，還不時要面對研究的壓力。由於念博士就是做研究的訓練，我並不覺太吃力；但問題是需要有時間，因為大學教師一旦擔任行政工作，做起研究來即困難重重了。

　　有些人彷彿天賦異稟，教學、研究、服務樣樣通。我資質魯鈍，專做一件事勉強能應付，多些便手忙腳亂了；偏偏一任教職就兼行政工作，至今十九年間，有九年半屬於上班族。根據〈大學法〉的規定，

大學裏絕大多數行政主管皆由教師兼任，而且是「學問大官大」，越高的職務非得教授級方能擔綱。但是我對此的理解是：德高望重的學者，經驗閱歷都比較豐富，肩負較多重任並不為過。再說我從頭到尾始終保持一個基本認識，那便是我們的本業乃是教師，行政職不過是兼差；不像中小學的主任及校長需要考選，而且還是教育行政專職。兼行政職對我而言，是在為大家服務；沒有這份包袱，我就樂得「服一人之務」，做一個快樂的自了漢。我在個性上即嚮往閒雲野鶴的生活，說穿了其實是一個「懶」字；我懶得管人閒事，又如何談得上服務？

必須聲明的是，我的「懶」並非「偷懶」、「懶散」，而是「自然無為」。想想看，當大學教師其實蠻適合我的；上課盡情揮灑，下課海闊天空。很少看見一種工作，有那麼多時間可以讓自己運用自如。我善用時間的方式是拿來寫作，趁寫教科書之便，順便推銷一下自己的「無為」哲學，以及閒雲野鶴的生命情調。一種米養百樣人，當老師的人也有千百種，但大多數奮發進取，我卻提倡自然無為，豈不甘冒大不韙？其實我真正的意思，是希望每個人都有自知之明，反身而誠，瞭解自己到底是那一種人，然後再順其自然發展，不要刻意造作。這不正是「因材施教」的引申嗎？老師除了把專門知識傳授給學生外，最重要的是給他一把打開自己心扉的鑰匙，讓他發現真正的自己。過去沒有老師給我鑰匙，我只好通過「自學方案」困而學之，我的文章便是我的學思所得，希望大家受用。

困而學之

　　説來慚愧，我當老師近二十五年，擁有講師、副教授、教授三張專業證書，卻沒有受過任何一種教師專業訓練；尤其讓我忐忑不安的是，最近六年我卻成為師資培育教師，教導學生我不曾具備的專業。這分明是外行領導內行，但放眼望去卻又隨處可見；遠的不說，就看這幾年當上教育部長的學者，大多也沒有資格教中小學。不能教中小學卻能教中小學教師並不稀奇，這乃是「聞道有先後，術業有專攻」的結果。像我考不上醫學系和法律系，卻教過醫學生及法學生；眼前身分的尷尬，想想也就過去了。然而外行終究不是辦法，我所採取的改善之道便是困而學之；學生學什麼，我就讀些相同的書，至少有能力跟他們對話。六年下來，我雖然稱不上是教育專家，卻寫了四本與教育有關的十萬字以上專書，應該不再對教育專業外行了，而這大概也算是一種學習領域的「統整」吧！

　　從我個人經驗反思，當老師這一行肯定不是先天就會的。回想當年在軍校教書，處在嚴格的長官與部屬關係中，小小少尉肩頭上的一根扁擔，就壓得住

全班二、三十名學生兵。後來念博士班時到大學夜間部兼課當講師，情形便不同了。我三十出頭，學生也二十八九，一開始被稱作老師還有些不習慣。記得頭一回上大學講臺，我為了兩小時的授課，足足準備了兩個禮拜，結果材料不到二十分鐘就講完了。接下去只好變成「三板」教師，眼盯著天花板、黑板和地板看，究竟在胡說些什麼，連我自己也不知道。經歷過這次慘痛教訓，日後我決定提早到教室，並利用下課時間和同學閒聊，逐漸拉近彼此的距離，進而建立起「亦師亦友」的關係。人際相處總是一回生二回熟，久之我教起書來也就得心應手了。

跟學生相處的經歷，讓我想起一篇有趣的文章，是知名散文作家亮軒寫的，標題我忘了，故事則跟教室的座椅有關。作者本身為大專教授，有天剛開學，他懷著期待的心情踏進教室，卻看見寥寥可數的學生呆坐在下面，而且選擇的座位正好呈現馬蹄形分布。教授見狀覺得不免疏離，乃心生一計，自前門出，逕自由後門行至教室後方，請同學倒轉座椅，然後開始上課，認為此舉或可拉近彼此的距離。結果呢？下回上課時他看見學生立於教室外恭迎大駕，待教授就定位後方才各自入座，且仍舊是馬蹄形分布。這說明了什麼？也許反映出師生關係原本便存在著一種疏離的刻板印象，需要由老師主動加以化解。而那些受過教師專業訓練的教師，或許對此早有自覺，並且事先有所安排。至於我呢？終不免困而學之吧！

觀生死

有教無類

　　我的教師生涯是從碩士班畢業前夕展開的，當時正在趕論文，卻意外得到一個教洋人講華語的兼差機會。記得頭一回碰上個美國小伙子，我硬著頭皮用破英語教他注音符號；剛開始簡直是雞同鴨講，然後漸入佳境，一個月下來終於皆大歡喜。接下來的兩個月，分別跟一名英國女孩及一個娶了臺灣護士太太的德國法律博士生，亦師亦友地融洽相處。就在他們的祝福聲中，我踏入行伍服兵役去了。令我意外的是，那個德國朋友一直跟我保持聯絡，大約延續長達十年之久。我至今仍懷念著他用中文寫信給我，告訴我在家帶孩子作家庭主夫的喜悅。這種一對一的華語教學，也許算不上是正式的教職，但卻是我初嘗為人師表的滋味，也是我第一次賺錢的經驗。領得生平第一個薪水袋，竟然迫不急待地跑到女生宿舍，把女朋友喚出來，高高興興地請她到學校對面吃夜市。

　　念完碩士班去當兵，受的是預官訓練；半年下來結訓前，還有機會考軍校教官。憑著我對領袖遺訓的精闢詮釋，打動主考的政戰官，得以在往後的行伍生涯中當了十五個月的文史教官。這是一份相當於高

職教師的工作，我的學生則是來自各國中披紅掛彩從軍報國的士官生。他們書讀得很辛苦，出操打野外卻個個精力旺盛，跟我們這群老預官的心態完全相反。年輕孩子終不脫其可愛，我教的是國文課，但再美的文章也引不起他們興趣；左思右想之下，乾脆課本一扔，教起號稱「中華文化精髓」的姓名學來。這下子可轟動武林了，小毛頭紛紛找上我這教父改名開運，忙得不可開交。士官生畢業後，得下部隊至少服役八年；妙的是有個死忠的學生，始終跟我保持聯絡，直到他退伍後回家開水族館，還不忘請我去飲酒賞魚。

　　輪到我退伍時，品嘗了生平第一粒檳榔，對行伍生涯頗感依依不捨，至今仍覺得是一生中最浪漫的歲月。三週後迅速轉換身分，成為臺北市東區的白領上班族。我在風花雪月的電視臺，鏡花水月般沉浮三年，還是決定回到學校繼續深造，這等於註定要走上當老師的道路。讀博士班時到五專兼課，教的是剛從國中清湯掛麵造型走出來的清純女娃娃；她們的活潑可愛，把我這三十開外的前中年人，又帶回到青年時期，連講授的公民課都不再枯燥乏味了。有回見風和日麗，當即向學校申請赴校外教學，目的地為社教機構臺北市立美術館。在裏面接受一番藝術洗禮薰陶後，小妞兒仍意猶未盡，要求到對面兒童育樂中心去遊園。那天我們做了一下午的快樂兒童，如今回想起來，又是一段寓教於樂的快樂學習故事。

老師說

　　我從來沒想到自己會當老師，一部分原因是我從來不認為自己是好學生。當然我也不算壞學生，但在老師的心目中，我遠遠不屬於好學生；也因此我跟老師的距離一向很遙遠，遠到不敢想有一天會成為老師。早年中小學老師都是師範畢業生，「師範」兩個字常讓我聯想到「模範生」，那也是一個對我而言遙不可及的名詞。唯一感覺距離接近的是師範大學，因為我從三歲到十一歲那九年間，正好住在臺灣師範大學後面的巷子裏。師大是家人經常帶我前往散步的地方，古樸的建築彷彿看見老師莊嚴的臉，聽到神聖般的話語。老師口中的言說，對孩提時代的我是多麼沉重啊！當時我沒有學過「字字珠璣」這句成語，卻不懷疑老師說的都是對的，逢人也會理直氣壯地告訴他，這是「老師說的」。

　　後來我當上老師，卻時常懷疑自己說的到底對不對？不是我對自己沒信心，而是我站在如瀚海般的知識面前，必須學會謙虛。回想當老師二十四年餘，雖然佔了我的人生近半，卻仍覺得學海無涯。考大學時曾經希望進入教育心理系，並非我一時動念想去教導

別人，而是我對自己的心理很好奇，也很困擾。結果教心系沒念成，進的是哲學系。沒想到頭一回上課，老師說的竟然令我感到一頭霧水，此後困擾便更多了。各式各樣的困擾和難題，伴隨著我讀完博士；頂著「哲學博士」的帽子走出去，似乎只有教書一途。長期以來，我的教學生涯多少有些「教學相長」的味道：一邊教，一邊學；一邊傳道授業，一邊解自己的惑。唯一覺得虧欠的是對學生，因為我的確經常會忽略掉同學們的感受。

學哲學與教哲學都是一條孤單的路，老師說哲學起於懷疑，於是我開始懷疑老師說過的話。輪到我自己上場，我甚至懷疑自己說的學生到底聽懂、聽進去沒有？我就這麼跌跌撞撞一路走來，教了許多年的哲學課，倒也相安無事。直到二○○一年秋季，意外地踏進教育系所，教起一門叫做「教育哲學」的課；面對一大群未來的中學老師，我再度感受到老師話語言說的沉重，而這個老師竟然是我自己！當老師可能是我偶然走向學術生涯的必然結果，但是成為「師資培育」的教師，卻讓我有些惶恐。因為我的一些不經意「老師說」，將來多少會成為學生們的「老師說」，你說我該怎麼說？老實說，我還真的不敢說。也許我應該努力在教學的時候認真想一想吧！

得失之間

　　十幾年前我在管教非常嚴格的銘傳商專教書，擔任科主任的職務，曾經碰到三件違反校規的案例，必須由我出面處罰學生。我這個人心腸比較軟，總認為得饒人處且饒人，偏偏校規制定得極為嚴厲，三人的結果都是勒令退學；其中兩人是因為考試舞弊，另一則是功課欠佳。照說學生違反校規接受處罰，是理所當然甚至稀鬆平常的事；但是當處罰的結果是剝奪學生身分，事情便非同小可。年輕人身為學生乃全時念書，可說以學習為業，而學生生活即是生活的全部，如今一旦予以剝奪，將會造成其「失業」。而處罰之重，又彷彿類似判了死刑，難怪學生會顯示出強烈的失落感，情緒也盪到谷底，亟待別人從旁協助。當時我一方面要愛護學生，一方面又得執行校規，所以煞費苦心。事後想想，好像等於給自己上了寶貴的一課。

　　三個案例並非同時發生，而是在我兩年任期中先後遭遇到的。我所服務的學校，對學生舞弊的處罰絕不手軟，只要一次違規即退學。那年有一名三專女生，在畢業前夕的考試中違規，導致她前功盡棄。尤

其雪上加霜的是，這名女同學已經考取人人稱羨的華航空服員，就等著領到畢業證書後去遨遊世界。如今一時糊塗竟造成一無所有，其失落的心情可想而知。記得她得知不幸消息後，在我的辦公室內一動不動地坐了半天，任憑大家怎麼勸，就是不回應。我擔心她想不開而尋短，趕緊把家長請來安慰她，同時還不放棄希望找校長去疏通。高齡的校長聽了我的報告，雖不免有些傷感，但仍堅持秉公處理；不過卻讓我轉告受罰的同學，說如果有必要，校長可以打電話給華航總經理，讓對方仍舊考慮錄用她。

　　我把校長的意思告知她和家人，她的神情突然變得極端凝重，然後放聲大哭；在旁的人聞聲無不為之動容，家長則抱怨學校執法的無情，一夥人終於悻悻然離去。此刻，我看著時間已經晚上九點，事情整整折騰了十二個鐘頭！這名女同學後來有沒有一圓她的飛翔夢，我不得而知；但是我始終沒有忘記，那個半天她浸淫在悲傷情緒裏的模樣。我有時不免疑惑，人在絕望之際，到底處於何等情境？我曾經努力用同理心去貼近她，但是身為校規的執行者，我的身分卻與她對立。我知道她的生命在那半天內，已經大死了一番；但我還是相信，人有可能置於死地而後生。人的一生流動著悲歡離合、成住壞空，生老病死不就是在得失之間載沉載浮，七情六欲不也正是在其中上下翻騰嗎？

終身學習

　　每年大學指考放榜的日子，許多成績頂尖的優秀青年，都選擇進入臺大醫學系就讀，以期將來懸壺濟世，並光耀門楣。這讓我回想起三十多年前自己考大學的時代，也曾一度心儀學醫，但並非追求熱門，而是想進精神科，以治療我的顛倒夢想。無奈成天顛倒夢想絕對進不了熱門科系，倒是最冷門的哲學系收留了我，就這麼走著走著，走到生死學的道路上面來；還意外地，或者說是必然地，踏進殯葬的領域。生死學無時無刻不在注視和想像生老病死，很適合我這種不斷追問人生意義與價值的人去參與學習；老實說，過去這十二年，我真的是在「教學相長」中成長的。尤其是從事生死學教學四年以後，因緣際會碰上一位有遠見的教育部長提倡終身學習，使得一年有七千多名各行各業的在職人士，進入新設的碩士專班就讀。

　　一九九九年普及設立「碩士在職進修專班」，是臺灣高等教育的重大里程碑。當年的教育部長林清江雖已作古，但是他所播撒的終身學習種子，卻是影響深遠，歷久彌新。碩士專班的研究生多為成年的專職人士，社會經驗豐富，學習動機強烈，與教師互動十

分積極，令我受益匪淺。像我在南華生死所、銘傳教育所和中央哲學所的專班任教，感覺上從學生身上學到的事理，也許比學生從我這兒學得的還要多。教在職生的經驗，對我而言也是一種終身學習，這可說是我在二十多年來教學生涯中的最大收穫。此外還有一項重大收穫，那就是專書的寫作。正式擔任大學教職至今的十九年間，我一共做了九年半的行政主管，結果彷彿一事無成；剩下的九年半之中，我先後完成了升等教授的論文，以及一系列的專書。

　　當老師和寫書，是我這輩子想也沒想到的事業。大學畢業以前，我的功課都很差，壓根兒就不曾考慮當老師；後來勉強考上研究所，開始體驗到為學的樂趣，就一路讀到博士，出來自然走上教書一途。大學教師寫論文是本務，為了更上層樓，還得擠出一本專書來。然而當我正式取得教授資格後，卻感到悵然若失，彷彿人生從此失去了奮鬥的目標。我曾經坐上大學教務長、主任秘書、院長、所長、系主任等各種位子，但對行政工作自覺毫無成就，當然更甭提成就感。反倒是在偶然的機緣下應邀撰寫教科書，一回生二回熟，竟然越寫越順。尤其到了寒暑假，不是往大陸跑，就是窩在家中每天工作十小時。想想看過去六年每逢寒暑假，我便在家爬格子，不知不覺已經寫出十本書。它們都跟生命教育有關，就當作是中年以後終身學習的成績單吧！

觀生死—自我生命教育

著　　者／鈕則誠
出 版 者／揚智文化事業股份有限公司
發 行 人／葉忠賢
總 編 輯／閻富萍
執　　編／宋宏錢
登 記 證／局版北市業字第 1117 號
地　　址／台北縣深坑鄉北深路三段 260 號 8 樓
電　　話／(02)2664-7780
傳　　真／(02)2664-7633
　E-mail ／service@ycrc.com.tw
印　　刷／鼎易印刷事業股份有限公司
　ISBN ／978-957-818-837-2
初版一刷／2007 年 11 月
定　　價／新台幣 250 元

國家圖書館出版品預行編目資料

觀生死：自我生命教育／鈕則誠 著. -- 初版.
-- 臺北縣深坑鄉：揚智文化, 2007. 09
　　面；公分.
ISBN　978-957-818-837-2（平裝）

1. 生命教育　2. 文集

528.5907　　　　　　　　　　　96016500